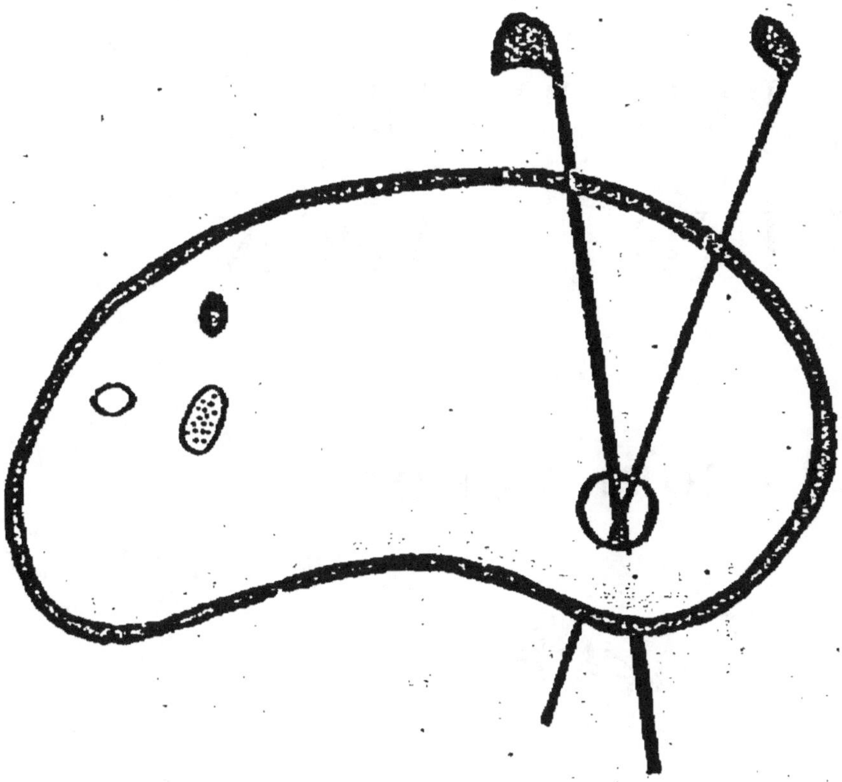

DEBUT D'UNE SERIE DE DOCUMENTS
EN COULEUR

INDO-CHINE
PHILIPPINES
CHINE — JAPON

PAR

HENRI TUROT

PARIS

P.-V. STOCK, ÉDITEUR

ANCIENNE LIBRAIRIE TRESSE ET STOCK

27, rue de Richelieu, 27

1901

LA GUERRE FRANCO-TURQUE

ET L'INSURRECTION CRÉTOISE

1 vol. in-18 (Hachette, 1898).

AGUINALDO ET LES PHILIPPINES

1 vol. in-18 (Léopold Cerf, 1900).

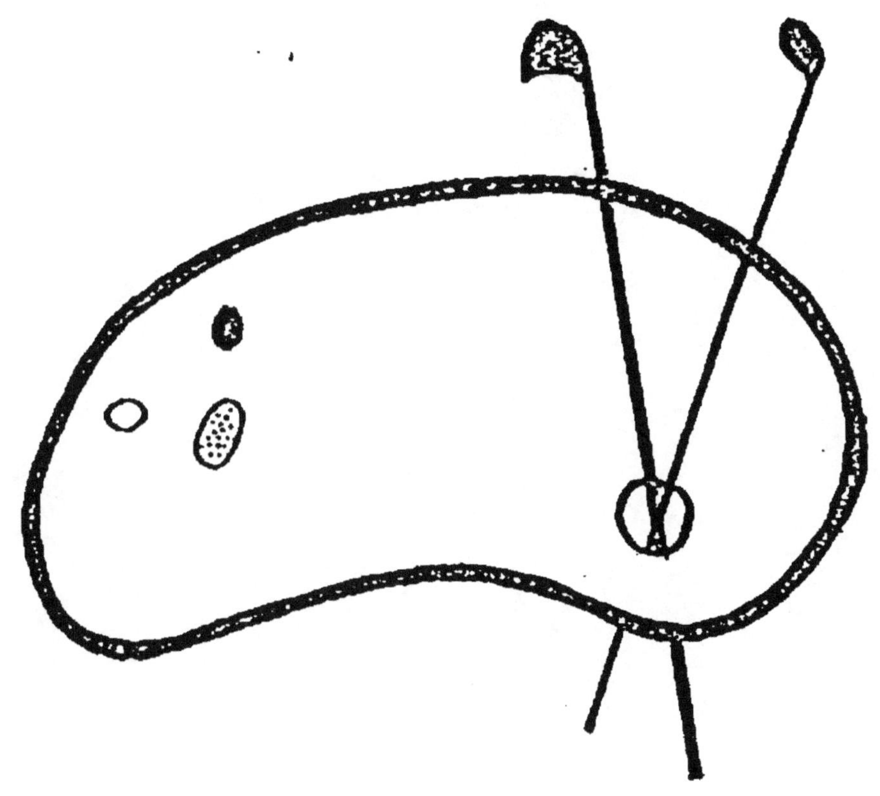

FIN D'UNE SERIE DE DOCUMENTS
EN COULEUR

A Eugène Baudin,

en témoignage

de fraternelle amitié.

D'UNE GARE A L'AUTRE

INDO-CHINE

PHILIPPINES

CHINE — JAPON

INDO-CHINE

PHILIPPINES

CHINE — JAPON

PAR

HENRI TUROT

PARIS

P.-V. STOCK, ÉDITEUR

ANCIENNE LIBRAIRIE TRESSE ET STOCK

27, rue de Richelieu, 27

1901

INDO-CHINE — PHILIPPINES
CHINE — JAPON

CHAPITRE PREMIER

DE MARSEILLE A SAÏGON

Combien faut-il de temps pour aller de la gare de Lyon à la gare Saint-Lazare? Cela dépend évidemment de l'itinéraire choisi et du mode de transport employé.

D'aucuns franchiraient la distance en une demi-heure véhiculés par un automédon expérimenté et alerte.

Je préférai, en ce qui me concerne, choisir un parcours un peu plus long mais moins dangereux : parti du boulevard Diderot le 1er janvier 1900, c'est seulement le 30 juin suivant que j'arrivai à la rue d'Amsterdam, ayant évité les embarras de voiture, les travaux du Métropolitain, les tranchées périlleuses, les barricades imprévues.

Il est vrai que pour un pareil résultat un léger

détour fut nécessaire : je dus passer par Marseille, Port-Saïd, Colombo, Singapour, la Cochinchine, le Cambodge, l'Annam, le Tonkin, le Quang-si, Hong-Kong, les Philippines, Shanghaï, le Japon, Vancouver, le Canada, New-York et le Havre.

Ce sont les diverses étapes de ce voyage autour du monde que je voudrais simplement raconter au lecteur, me laissant aller, sans prétention, au cours de mes souvenirs, et transcrivant ici les notes jetées hâtivement sur mon carnet de journaliste.

A peine étions-nous sortis du port de la Joliette, à peine avait disparu sur l'arrière le petit remorqueur où prirent place pour un dernier salut les plus fidèles amis du gouverneur général Doumer que les grosses lames de la Méditerranée eurent bientôt jeté une sorte de stupeur au milieu des passagers.

Aux conversations animées, aux exclamations bruyantes du départ, succède bien vite un silence pesant, et sur le pont désert, dans l'obscurité qui tombe, on n'entend bientôt plus que les saccades régulières et monotones de l'hélice qui nous pousse vers de lointains rivages.

Jusqu'à Port-Saïd, la vie du bord fut calme et presque morne. M. Doumer, qui travaille quatorze à quinze heures par jour, ne sortait point de sa cabine, et la présence de l'amiral Courejolles et des généraux Borgnis-Desbordes et Delombre n'était pas faite pour jeter de l'entrain dans les rangs des fonctionnaires et des officiers toujours un peu raidis par la fréquentation de tant de personnages officiels.

Nous nous promettions une courte distraction au passage du détroit de Messine. Cruelle désillusion ; un véritable ouragan de pluie et de vent vint nous assaillir à point nommé pour nous empêcher de jouir d'un spectacle réputé.

A Port-Saïd, l'arrivée est de nuit. Il n'y a pas beaucoup à regretter car la ville manque complètement d'intérêt. C'est uniquement pour se dégourdir un peu les jambes qu'on va errer dans la grande rue commerçante où les bazars, bien qu'il soit sept heures du matin, s'éclairent et s'ouvrent en toute hâte, essayant d'attirer les passagers de la *Ville-de-la-Ciotat*.

Après une courte promenade jusqu'au phare qui devait être, deux jours après, démoli par une tempête, nous rentrons à bord où les vêtements sont bientôt couverts d'une couche de poudre de charbon.

En effet, d'immenses chalands sont accrochés aux flancs du navire, et sous la lueur vacillante des torches de résine et des braseros en feu, une véritable armée de noirs aux torses nus s'empresse pour engloutir dans les soutes énormes du paquebot le charbon nécessaire jusqu'à Ceylan.

Au petit jour, on se met en route et, par un froid piquant, nous pénétrons dans le canal de Suez.

Bientôt, les murs blancs de Port-Saïd ont disparu à l'horizon et le canal se déroule longuement entre les sables très blancs du désert, à peine animé de loin en loin par le passage d'un chameau mélancolique.

Suez! nous nous arrêtons juste le temps nécessaire au dépôt et à la prise des correspondances et en route pour la mer Rouge.

Rien de saillant à noter pendant la traversée de cette mer qui nous fut assez favorable, et de l'Océan Indien qui nous épargna relativement.

C'est le 16 janvier au matin que nous voyons peu à peu grandir à nos yeux les côtes de Ceylan : à dix heures du matin, nous avons jeté l'ancre devant la petite ville qui s'étend en demi-cercle sous nos yeux. Mais nous réservons notre attention aux centaines d'embarcations étranges qui circulent autour du paquebot : ce sont des chalands charbonniers sur lesquels sont juchés de curieux échantillons de la race indigène, sorte d'hommes-femmes aux longs cheveux tombant sur les épaules, des pirogues avec balanciers, de simples pièces de bois sur lesquels s'agitent quelques négrillons, complètement nus, qui se précipitent à l'eau et plongent avec adresse pour attraper quelques menues pièces de monnaie.

Puis le pont est envahi par une foule de marchands, de changeurs, de porte-faix et d'interprètes, parmi lesquels on se fait difficilement passage. Arrachés à grand'peine à tant de mains avides, nous pouvons enfin prendre place dans la chaloupe de la Compagnie qui nous conduit au débarcadère en quelques minutes.

A peine avons-nous mis pied à terre, que nous sommes empoignés par le spectacle qui nous est offert. Dans ces longues allées, toujours ombragées par les larges feuilles des plantes tropicales, une animation singulière surprend le voyageur. Une foule de noirs se hâtent à leurs affaires : les uns, le torse nu, la tête coiffée d'un peigne en écaille, les jambes prises dans un pagne étroit, marchent élégamment. Leurs formes sont gracieuses, leurs mouvements sont souples ; ils ont le regard franc et ne donnent point l'impression d'une race asservie et vaincue.

Les femmes sont laides et plutôt disgracieuses, un peu ridicules avec leur blanche camisole trop courte qui laisse voir, au-dessus de la ceinture, un peu de chair noire.

Amusants au possible, les nègres vêtus à l'européenne qui se font traîner dans les pousse-pousse. Ils ont un air digne et sérieux d'effet très drolatique.

Dans les rues de Colombo, hommes et femmes s'abritent contre les rayons du soleil grâce à d'énormes parapluies de cotonnade. Et nous prenons plaisir à aller ainsi devant nous à l'aventure, à travers tout ce monde grouillant. Une scène attendrissante en passant : à l'ombre d'un cocotier sur une pelouse verte, une jeune femme est couchée ; près d'elle un petit enfant de quatre ou cinq ans est gravement assis ; touchant exemple d'amour filial, il cherche avec une respectueuse attention les poux qui ont élu domicile dans la chevelure maternelle.

Mais la sirène du bord nous arrache trop tôt au plaisir de cette promenade, et, réintégrés sur notre prison flottante, il nous faudra supporter encore cinq jours de roulis et de tangage avant de retrouver, à Singapour, la terre ferme tant désirée.

On nous avait consolés de trop longues tribulations en nous promettant dans le détroit de Malacca un calme absolu. Quelles désillusions nous attendaient ! et combien nous parut cruel le tangage intempestif qui nous accueillit dans ces parages de trompeuse réputation. Mais enfin la mer se fait plus clémente pour nous permettre de jouir sans trouble du merveilleux coup d'œil de l'entrée de la rade de Singapour.

Le paquebot s'engage à travers de riantes petites îles très verdoyantes qui émergent des eaux et balancent aux premiers rayons du soleil matinal d'élégantes et vigoureuses végétations.

Çà et là, aux tournants de la passe, on longe les pittoresques paillottes des villages malais, tout entiers bâtis sur pilotis et habités par de curieuses populations de pêcheurs. Puis, brusquement, le paysage s'élargit et la magnifique rade de Singapour s'étend à nos yeux avec sa forêt de mâts et ses quais encombrés de marchandises.

Le gouverneur de l'Indo-Chine a reçu de son collègue anglais une courtoise invitation à déjeuner et, tandis que la forteresse tire dix-neuf coups de canon, M. Doumer se rend à terre dans une chaloupe où fraternisent à l'avant et à l'arrière les pavillons anglais et français.

Au débarcadère, il est reçu par une compagnie de cipayes qui rendent les honneurs avec un ensemble parfait et une raideur toute britannique.

Les cérémonies officielles, brièvement terminées, nous nous hâtons de profiter des quelques heures qui nous sont accordées pour parcourir rapidement la colonie anglaise, le curieux quartier chinois, avec ses échoppes et sa pagode, les quartiers européens aux luxueuses habitations entourées de superbes pelouses, et nous rentrons à bord, émerveillés de notre courte promenade.

Rien ne saurait donner une idée de la prospérité

incomparable de la colonie anglaise. M. Geoffroy d'Abbans, notre consul à Singapour, l'attribue presque exclusivement à l'immigration chinoise.

Plus de 180.000 Célestes débarquent chaque année à Singapour : de là ils se répartissent dans toutes les contrées environnantes, notamment dans les possessions hollandaises. Mais il en reste toujours au moins 10.000 chaque année à Singapour même qui viennent grossir encore l'importance de la colonie chinoise et qui fournissent la meilleure des mains-d'œuvre.

Ils sont amenés à Singapour par des bateaux qui vont les chercher à Tien-Tsin et à Shangaï. A leur arrivée, un fonctionnaire qui porte le titre de « protecteur des Chinois » les reçoit et les divise en deux classes. Les uns ont payé leur passage : ceux-là sont libres d'aller où ils veulent et de conclure comme ils l'entendront des contrats de travail. Les autres, auxquels on a fait l'avance du voyage, sont conduits dans des maisons spéciales où ils doivent demeurer jusqu'à ce qu'on ait conclu pour eux des contrats de travail dont la durée ne saurait excéder cinq ans ; sur le montant des salaires, les Compagnies de transport se font rembourser les prix des passages.

Tous les travailleurs chinois sont immédiatement affiliés à des sortes de Sociétés appelées « congrégations » par catégories de métiers : ces congrégations rappellent vaguement nos anciennes jurandes ou maîtrises.

Elles exercent sur leurs membres protection et surveillance ; elles ont une sorte de responsabilité morale : les congrégations de négociants, par exemple, interviennent pour désintéresser les créanciers quand un marchand chinois est sur le point de faire faillite.

Si j'insiste un peu longuement sur cette question, c'est que partout, au cours de mon voyage, j'ai constaté la supériorité incontestable des Chinois sur toutes les autres races de l'Extrême-Orient.

Si l'anarchie gouvernementale de l'Empire du Milieu a compromis l'existence même de la Chine en tant que nation organisée, elle ne paraît pas avoir nui au développement des individus. Les Chinois sont travailleurs, intelligents, d'une grande probité commerciale : ils apportent la richesse partout où ils s'installent.

Dès lors, il conviendrait d'étudier s'il n'y a pas lieu de favoriser dans une large mesure l'immigration chinoise en Indo-Chine qui manque de main-d'œuvre en plusieurs régions.

C'est du moins l'avis de beaucoup de colons et de nombreux fonctionnaires qui souhaitent voir disparaître l'impôt de capitation pesant, dans notre colonie, sur les Chinois.

Deux jours de traversée, deux jours d'épreuves nous séparent encore de la Cochinchine !

Quelle joie, lorsqu'enfin le 24 janvier, vers trois heures du soir, la terre est signalée et que grandissent rapidement à l'horizon les rives escarpées et boisées du cap Saint-Jacques. Il est trop tard pour remonter le soir même la rivière de Saïgon et cela nous vaut l'heureuse fortune de passer quelques heures enchantées au cap.

Le coup d'œil est charmant : devant nous, un cirque de hauteurs boisées, qui abritent une baie gracieusement découpée; le soleil va disparaître et éclaire de lueurs rouges et violacées ce paysage très sobre, mais très captivant.

Au premier plan, à mi-côte, la nouvelle villa du gouverneur général, simple et fort élégante, jette une note gaie parmi la verdure des arbres.

Mais nous avons hâte de descendre à terre; le premier canot nous emporte, et nous prenons bientôt pied sur le sol cochinchinois.

Le cap Saint-Jacques est, décidément, un endroit délicieux, devenu, sous l'impulsion de l'administrateur Outré, une agréable station balnéaire, où les fonctionnaires viennent se remettre, de loin en loin, des fatigues du climat de Saïgon.

La famille du gouverneur général y habite une partie de l'année : elle prendra bientôt possession de la villa dont j'ai parlé plus haut, et qui, achevée pendant le séjour de M. Doumer à Paris, a été inaugurée le soir même de notre arrivée.

En quelques heures, un plantureux dîner est improvisé, et la plupart des passagers du *Sydney* se retrouvent autour d'une table luxueuse, autour de laquelle circulent des boys bien stylés, alertes et silencieux. M. et Mme Doumer en font les honneurs, entourés de l'amiral Courrejolles, des généraux Borgnis-Desbordes et Delombre, et d'une nombreuse suite d'officiers de tous grades et de fonctionnaires de tous rangs.

Il est, sans doute, très flatteur de naviguer en pareille compagnie; mais aux voyageurs qui aiment les traversées folâtres, je conseillerai de choisir des bateaux moins officiels.

En sortant de table, par une nuit délicieuse, qui ne rappelle en rien les soirées étouffantes de Saïgon, je vais faire une longue promenade le long de la mer, en écoutant les légitimes doléances d'un ingénieur.

« Quel dommage, me dit mon interlocuteur, d'avoir dépensé tant de millions pour la création de Saïgon, alors que le cap Saint-Jacques aurait pu devenir un admirable port de commerce et une capitale agréablement située ; les navires, pour y faire escale, n'auraient point eu besoin de remonter, pendant quatre heures, comme pour Saïgon, une rivière seulement navigable au moment de la marée. »

Mais à quoi bon se lamenter sur des fautes passées ; oublions ce qui aurait pu être fait, pour ne songer qu'à l'œuvre déjà accomplie, et allons voir Saïgon.

Nous repartons dans la nuit.

La rivière que peuvent remonter les bateaux du plus fort tonnage est sinueuse et très large ; mais les rives en sont monotones et désolées, avec leurs palétuviers rabougris, où se juchent de loin en loin de grands oiseaux de mer au cri lugubre.

Nous croisons fréquemment de grandes barques annamites et des petits vapeurs de commerce, dont bien peu, hélas ! portent le pavillon français.

Pourquoi donc, dans notre propre colonie, le cabotage est-il aux mains de l'étranger ! La raison en est simple, m'explique-t-on. Les bâtiments qui naviguent, même en Extrême-Orient, sous pavillon français, sont soumis aux règlements de l'inscription maritime, c'est-à-dire que tout l'équipage, capitaine, matelots et mécaniciens doivent être français.

Ceux qui naviguent sous pavillon allemand, par exemple, ont, au contraire, la faculté d'avoir seulement, à bord, un capitaine européen et un équipage chinois. Il en résulte que, les frais étant infiniment moindres pour l'armateur allemand, les navires de cette nationalité peuvent prendre du fret à des prix plus modérés que les nôtres ; en fait, ce sont eux qui transportent presque exclusivement tout le riz que notre colonie exporte à Hong-Kong, Hai-Nan,, et dans de nombreux ports chinois.

A nous les chinoiseries administratives ; aux Allemands les chinoiseries rémunératrices !

Hélas ! que de fois, au cours de mon voyage, je constaterai notre manque presque absolu de sens pratique, et combien nous sommes désarmés en face de l'activité commerciale et de l'esprit d'initiative de nos concurrents. Toutefois, la vue de Saïgon est consolante ; c'est vraiment une superbe ville, avec ses grands boulevards, ses larges avenues plantées d'arbres, ses belles promenades et ses palais imposants.

Celui du gouverneur général est, assurément, le plus bel édifice d'Extrême-Orient. Son extérieur a grand air, et ses salles de fêtes et de réception doivent impressionner les chefs indigènes qui y sont admis.

C'est là que M. Doumer travaille, avec une infatigable opiniâtreté, à la prospérité de la colonie.

Ces efforts ont déjà été récompensés par de précieux résultats, et la situation budgétaire s'améliore chaque jour, en même temps que, sous son énergique impulsion les fonctionnaires de toute catégorie collaborent plus efficacement au fonctionnement administratif.

En passant, qu'il me soit permis de rendre justice à un homme passionnément attaqué depuis quelque temps; je veux parler de M. de Lanessan.

Certes, l'œuvre de M. Doumer est considérable; grâce à lui, l'Indo-Chine a conquis l'homogénéité et l'unité indispensables à son développement; grâce à son habile fermeté, la pacification est presque complète sur tous les points de nos possessions; grâce à la hardiesse de ses conceptions, à la confiance qu'il inspire, un réseau de chemins de fer permettra bientôt de relier aux côtes les principaux centres d'exploitation; grâce, enfin, à l'autorité qu'il a su prendre sur tout son entourage, les chefs militaires n'osent plus entrer en lutte avec le pouvoir civil.

Or, il est équitable d'associer pour une bonne part M. de Lanessan aux éloges que mérite son successeur. (Je n'oublie pas que l'administration de M. Rousseau se place entre celle de M. de Lanessan et celle de M. Doumer; mais son action est à peu près nulle.)

Tout le monde, en Indo-Chine, a gardé de l'actuel ministre de la Marine un excellent souvenir, et partout j'ai entendu vanter son activité et sa clairvoyance; c'est lui qui a préparé la tâche si bien continuée par M. Doumer.

L'un et l'autre, malheureusement, n'ont pu rien changer à l'état sanitaire de Saïgon, qui laisse bien à désirer.

On est péniblement impressionné, en débarquant, par la vue des colons amaigris, anémiés et blafards qu'on rencontre.

Hélas! c'est moins encore au climat détestable qu'il faut s'en prendre, qu'à l'imprudence des Saïgonais. Nulle part, en effet, je n'ai vu absorber l'absinthe en telle quantité; nuit et jour, les cafés sont pleins de consommateurs qui se confectionnent d'horribles « purées » à la glace.

Partout, l'alcool est néfaste; sous les tropiques, il est plus redoutable encore, et les terrasses des cafés de la rue Catinat sont certes plus meurtrières que les rayons du soleil impitoyable, ou les miasmes pestilentiels des marais.

Aussi, fuyons-les bien vite, et allons chercher un peu de brise rafraîchissante sur l'« Inspection », la promenade élégante où se croisent des victorias bien attelées, des charrettes anglaises pimpantes, que conduisent des petites congayes annamites en robes claires.

Au retour, nous passons par le jardin zoologique, tout à fait joli, avec ses pelouses vertes, ses arbres ombreux, ses petits lacs aux eaux dormantes.

La journée est finie. Il s'agit, maintenant, d'aller entamer, dans ma chambre d'hôtel, un combat nocturne, inégal et sans gloire avec des moustiques gourmands, que tente une peau intacte de nouvel arrivé.

A Saïgon, les distractions sont rares, et le touriste n'a guère, pour se délasser de l'accablement qui, si vite, pèse sur lui, que le choix entre deux promenades : Cholon et le Tour de l'Inspection.

Cholon est à une demi-heure de voiture ; on est stupéfié, la première fois qu'on y arrive, de se trouver aussi brusquement transporté en pleine vie chinoise.

De tout l'Extrême-Orient, Cholon est la ville où se concentrent les plus énormes quantités de riz, qui y parviennent chaque année sur des milliers de sampans. Les quais des canaux sont encombrés de sacs ventrus, et c'est un formidable grouillement de coolis entre les sampans qu'on décharge et les usines à décortication dont les bâtiments s'étendent sur une longueur de plusieurs kilomètres.

Ces usines sont, pour la plupart, la propriété de Chinois plusieurs fois millionnaires, qui adoptent sans aucune difficulté, avec grande hâte au contraire, toutes les améliorations industrielles, tous les procédés les plus modernes.

Oserais-je dire que, même dans l'exercice de son culte, le Chinois paraît apporter, plus que les Occidentaux, le goût du progrès scientifique?

Dans l'une des usines chinoises que je visite, on me fait attendre l'arrivée du propriétaire dans un vaste vestibule somptueusement décoré de tentures de soie rouge où se détachent, en caractères noirs, des inscriptions sacrées; contre les murs, des meubles sobres en bois sculpté. Au fond, comme dans toutes les maisons chinoises, un bouddha ventripotent trône sur un autel entouré de grands cierges et sur lequel s'alignent de nombreux plateaux remplis de beaux fruits. Je regarde mieux les cierges et je constate qu'ils sont formés d'un long tube de métal peint en blanc, figurant la cire, terminé par une petite lampe électrique en forme de flamme.

Bouddha éclairé à la lumière électrique! Assurément, il dut être, la première fois, aussi surpris que flatté d'une vénération si perfectionnée, et le Dieu des chrétiens, seulement honoré, dans nos églises, de lampes à huiles fumeuses et de chandelles coulantes, pourrait, à bon droit, s'en montrer jaloux.

Le soir, à Cholon, l'animation est extraordinaire; toutes les boutiques, illuminées de grosses lanternes rouges, les rues étroites sillonnées de Chinois qui trottinent, avec, chacun, une petite lampe à la main.

Il faut faire une courte visite aux théâtres

annamites et chinois qui, d'ailleurs, ont beaucoup d'analogie les uns avec les autres. Au théâtre annamite, les acteurs, en robes brodées, se contorsionnent les pieds et les mains avec des mimiques extravagantes et des cris rauques qui parviennent, tant ils sont furieusement glapis, à dominer l'infernal fracas des gongs et des cymbales. Il m'est tout à fait impossible de comprendre le sens de l'action que suivent les spectateurs avec une attention trop souvent inconnue du public français.

Au théâtre chinois, le tapage est non moins ahurissant ; mais l'acteur hurle ses phrases alternativement, avec le charivari des instruments ; on parvient, grâce à la mimique, à saisir le sens général du drame : deux guerriers qui se font la guerre pour les beaux yeux d'une belle. D'une belle ? Celle-ci est figurée par un homme (les femmes chinoises ne montent pas sur la scène) qui s'est maquillé de très habile façon et donne la réplique sur un ton suraigu, dont mon tympan se lasse vite.

Je ne puis encore comprendre pourquoi l'art dramatique est demeuré si rudimentaire et si barbare chez un peuple où des milliers de lettrés sont assurément capables de concevoir des œuvres moins puériles.

Une curiosité de Cholon, c'est encore la jolie

maison du Phû (préfet), d'un style étrange et gracieux. C'est là que les amateurs de singularités culinaires vont se faire initier aux mystères compliqués de la cuisine annamite.

Et puis, le Phû a deux filles, vraiment assez jolies, qui ont chacune sa légende.

L'une fut, jadis, amoureuse d'un jeune officier qui mourut mal à propos, avant les épousailles, et dont la tombe est pieusement entretenue par le phû. L'autre eut l'heur d'attirer l'attention du jeune empereur d'Annam, quand celui-ci vint à Saïgon rendre sa visite à M. Doumer. On raconte que le petit souverain asiatique sautait, à la nuit venue, le mur du palais où on lui offrait une hospitalité un peu étroite, et qu'il venait à Cholon se livrer, sous les fenêtres de la belle, à des manifestations incompatibles avec la majesté royale. M. Doumer, qui ne badine pas avec l'amour, dut y mettre bon ordre.

A ce propos, je pris à tâche de résoudre un problème que je me posais souvent.

Les femmes annamites répondent assez mal à notre idéal de beauté féminine ; est-ce que, par réciprocité, l'Annamite, animé de conceptions esthétiques spéciales, serait indifférent aux charmes des Européennes ? Informations prises, je puis affirmer que les Orientaux, sans doute plus éclectiques que nous autres, apprécient, comme elles le méritent, les jolies personnes qu'ils ont l'occasion d'approcher. Et l'empereur d'Annam, déjà nommé, loin d'être absorbé par son amourette avec la fille du phû, ne dissimulait pas aux bals du gouverneur général, son admiration pour les plantureux appas des danseuses décolletées. Certains maris eurent fort à regretter, dit-on, l'indiscrétion d'aimables corsages.

Mais je vois que je me laisse déplorablement entraîner à une sorte de « Chronique de l'œil-de-bœuf », mettons l'œil de buffle pour être plus couleur locale. C'est qu'on potine ferme sur cette fameuse promenade de l'Inspection, dont je vous ai déjà parlé.

C'est là que femmes mariées et congayes annamites vont se pavaner en luxueuses toilettes, dont maris et amants soldent les factures avec quelque difficulté.

Car l'argent est rare à Saïgon ! Et les fonctionnaires qui s'endettent doivent payer fort cher les emprunts qu'ils sont obligés de contracter.

Sachez qu'on peut prêter, là-bas, sur première hypothèque au taux de 12 0/0 ; les prêts sur simple signature se font, dès lors, à des taux fantastiques qui atteignent aisément 60 et 80 0/0. N'y a-t-il pas là l'indice certain de la pénurie des capitaux, et n'est-il pas regrettable de constater que des millions et des millions dorment, en France, dans les bas de laine ou dans les coffres-forts des grands établissements de crédit, alors que notre colonie d'Extrême-Orient végète, faute de numéraire?

Mais rien ne saurait vaincre la pusillanimité des capitalistes français, qui ne tarderont pas à considérer comme un placement imprudent l'achat des fonds d'État !

CHAPITRE II

AU CAMBODGE

Il faut environ dix-huit heures pour aller de Saïgon à Pnom-Penh, la capitale du Cambodge, dix-huit heures passées assez rapidement sur les bateaux de la Compagnie fluviale qui remontent le Mékong.

Même aux basses eaux, le Mékong est un fleuve admirable dont la largeur dépasse souvent plus d'un kilomètre et qui coule majestueusement entre des rives d'une luxuriante végétation.

On s'amuse beaucoup au Cambodge d'un rapport récemment adressé à la Société de géographie de Toulouse et qui qualifiait de « filet d'eau mélancolique » le fleuve puissant dont le cours déverse si généreusement la prospérité sur toutes les régions qu'il arrose depuis le Thibet jusqu'à la mer de Chine.

Au risque de blesser l'amour-propre toulousain, la vérité m'oblige pourtant à constater que la Garonne apparaîtrait comme une modeste rivière à côté de la majestueuse ampleur du Mékong.

La ville de Pnom-Penh s'est rapidement développée ; et là où les voyageurs de ces dernières années ne signalaient que quelques paillottes construites sur pilotis, s'élèvent maintenant de vastes et belles maisons européennes, la résidence, les douanes, la poste et tant d'autres bâtiments d'une blancheur éblouissante, d'aspect riant et agréable.

Pnom-Penh doit son nom à un monticule (Pnom) sur lequel est édifiée une pagode style khmer d'un curieux aspect, entourée de quatre pyramides et dominée par une cinquième.

Le monument est moderne, mais très heureusement inspiré par les modèles incomparables qu'offrent les ruines antiques dont nous aurons à reparler plus tard.

En gravissant l'escalier monumental, nous arrivons à une plate-forme quadrangulaire d'où on a de Pnom-Penh un panorama extrêmement frais et gracieux.

A l'intérieur de la pagode, un bouddha complètement doré reçoit les pieuses offrandes des fidèles dont il est séparé par deux dragons fantastiques et une multitude de cierges de toutes dimensions. Mais il faut bien vite nous arracher à la contemplation du nombril vénéré pour continuer notre excursion dans le reste de la ville.

Tout d'abord on est frappé de la supériorité de la population cambodgienne sur la population annamite.

Les Cambodgiens sont de beaux hommes, grands, bien découplés et d'une grande endurance. Ils ont les cheveux coupés ras et l'allure virile, ce qui fait un contraste frappant avec les Annamites minuscules, à l'aspect efféminé, aux longs cheveux roulés en chignon. Ils sont d'une douceur extrême et d'une politesse exagérée, n'ayant que trop de dispositions à courber l'échine et à prendre sans cesse les postures les plus humbles, le corps profondément incliné et les mains jointes.

C'est que, depuis longtemps, ils sont habitués à la servitude, tour à tour violentés par les Siamois et les Annamites, réduits en esclavage par leurs voisins et aussi par l'oppression de leurs propres lois.

Quant aux femmes, elles sont infiniment plus séduisantes que les Annamites, bien faites, le buste élégant, les formes harmonieuses. Il y a surtout des métis sino-cambodgiennes ou siamo-cambodgiennes qui sont tout à fait charmantes, presque blanches de peau avec des yeux rieurs et des dents éblouissantes. Dès lors, le riche roi Norodon peut facilement recruter pour son corps de ballet d'aimables personnes qui seraient maintenant réduites à des mimiques platoniques, si les fils et les frères du souverain ne prenaient soin de maintenir au palais, à l'insu du maître, de fort galantes traditions.

Ce palais, je le visite sous la conduite du ministre des finances, en attendant l'audience qui m'a été accordée par notre antique protégé.

Il n'a rien d'imposant, constitué qu'il est par une agglomération de constructions incohérentes et sans style. Parmi celles-ci, la plus curieuse est la pagode où les restes de la reine-mère, décédée il y a quatre ans, attendent — avec quelque impatience, j'imagine — l'incinération toujours retardée.

Norodon ne se presse nullement d'ordonner la cérémonie. Un sorcier lui a prédit qu'il perdrait le trône ou la vie six mois après l'incinération de la feue reine — perspective peu réjouissante qui met à une rude et cruelle épreuve le respect filial de Norodon.

En attendant, des bonzes, de jaune vêtus, et crânes dénudés, prient nuit et jour pour la défunte. De temps à autre, Norodon récompense leur zèle, et le hasard me fait assister à une bizarre distribution de cadeaux. Chaque bonze reçoit, avec des signes non équivoques d'une joie manifeste, un parapluie, six crayons, un paquet de cigares et un éventail. Le doyen des bonzes, un vieillard tout parcheminé, avec une drôle de petite tête, tel un vieil ivoire, est gratifié d'un éventail un peu plus ornementé.

Pas ruineux, comme on voit, les frais du culte de Bouddha.

Beaucoup plus dispendieux doit être l'entretien de l'éléphant sacré, auquel j'allai faire, ensuite, une pieuse visite.

Cet animal, blanc de réputation, est, en réalité, d'un jaune assez douteux ; les Parisiens ont eu tort de médire de l'éléphant dit blanc envoyé par M. Doumer. Il vaut bien le sacré pachyderme du palais de Norodon. Celui-ci — l'éléphant — habite une somptueuse écurie où, sous la garde d'un cornac, respectueux, avec une nuance de familiarité, il reçoit les étrangers avec des allures tout à fait débonnaires. Moyennant l'offrande de quelques bananes, ce demi-dieu (rien de l'Affaire !) salue de la trompe, s'agenouille et fait mille mignardises d'une grâce un peu lourde, mais quand même appréciable.

Infiniment plus séduisant, en somme, que son supérieur hiérarchique et couronné, le roi Norodon.

Sur le trône depuis 1859, cet auguste personnage est un tantinet décati.

Petit et malingre, il lui fallait, pourtant, une assez robuste constitution pour résister aux deux cents pipes d'opium qu'il fume chaque jour, aux nombreux verres d'alcool qu'il ingurgite, et surtout aux fréquentes et galantes entrevues qu'il essaye de se ménager avec ses danseuses, personnes très accortes et idoines aux choses d'amour. Maintenant, Norodon est beaucoup moins empressé, à son grand regret d'ailleurs. Même les aphrodisiaques dont il abusa restent sans effet, et sa faveur va aux sorciers de sa cour, qui s'ingénient à réveiller une virilité de plus en plus hésitante.

C'est d'un pas chancelant et appuyé sur une canne à pomme d'argent que Norodon se lève à notre entrée et vient à notre rencontre. Il est vêtu d'un veston blanc à boutons d'or, les jambes prises dans le samptot national, pièce d'étoffe de soie noire qui se drape en forme de culotte. Des bas noirs et des souliers vernis à boucles complètent le costume. Nous nous asseyons en cercle autour du simiesque vieillard qui offre des cigares à la ronde, et la conversation s'engage par l'intermédiaire d'un interprète.

Compliments réciproques et banalités d'usage se succèdent pendant quelques minutes, et nous nous hâtons de prendre congé.

Aussi bien, il ne faut point abuser des instants de Sa Majesté, qui ne dissimule pas sa hâte de retrouver sa pipe d'opium et son flacon d'absinthe. Car Norodon est au-dessus des lois et se soucie fort peu des dispositions du Code cambodgien en ce qui concerne l'ivresse. Un article de ce Code mérite d'être signalé.

L'hôte chez lequel s'enivre un invité doit se charger de reconduire celui-ci à son domicile. Au cas où l'hôte ne s'acquitterait point de ce soin et où l'ivrogne commettrait quelques méfaits en état d'ébriété, c'est celui qui a payé à boire ou chez lequel on a bu qui est judiciairement responsable ; il peut être condamné, emprisonné, exécuté à la place du pochard !

Sage disposition, en vérité, et que je livre aux méditations des zélateurs de la Ligue antialcoolique.

Lors de cette visite au roi Norodon que j'ai précédemment narrée, un aimable confrère, désireux d'adresser au souverain un compliment bien tourné, mais sans doute intimidé par la majesté royale, s'était écrié :

« Nous venons, Sire, étudier la civilisation cambodgienne, qui n'est pas ordinaire ! »

Je me demande encore ce qu'a bien pu traduire l'infortuné ministre cambodgien qui servait d'interprète à notre confrère. « Une civilisation qui n'est pas dans un sac », avais-je pourtant obligeamment rectifié pour arranger les choses.

A constater l'ahurissement du traducteur, je compris que Norodon ne connaîtrait jamais toute la portée de l'allocution laconique qu'un représentant autorisé du *Petit Journal* venait de lui adresser.

En somme, mon confrère avait raison, et ce n'est pas sa faute si, sous le coup de l'émotion, sa pensée prit une forme plus pittoresque que diplomatique.

Non ! la civilisation cambodgienne n'est pas ordinaire, et j'aurais pris grand intérêt à l'étudier plus complètement si je n'avais eu hâte d'arriver le plus vite possible aux fameuses et admirables ruines d'Angkor.

Ce qui n'est pas ordinaire non plus, c'est la façon dont sont administrés les malheureux sujets de Norodon, dont est traité ce peuple pacifique sur lequel s'exerce notre protectorat.

L'esclavage est-il supprimé au Cambodge ?

Oui, légalement ; non, en fait, et les moyens sont nombreux qui permettent de tourner la loi. Le plus employé est l'engagement pour dettes ; voilà comment il pratique :

Un maître se trouve-t-il obligé de libérer son esclave en vertu des lois ! Il lui fait signer de force une reconnaissance de dette et l'engagement écrit de rester à son service jusqu'à complet paiement de la prétendue dette et des intérêts. Or, comme le salaire fixé par le maître devenu créancier ne dépasse jamais annuellement le montant des intérêts de la somme soi-disant prêtée, il en résulte que le débiteur, ancien esclave, reste attaché à vie au maître qui lui devait la liberté. La situation n'a pas changé.

De semblables coutumes sont déplorables; mais il est surtout scandaleux que des magistrats français se trouvent, là-bas, pour reconnaître a validité de pareils contrats.

Il y a d'ailleurs bien d'autres procédés qui révoltent les consciences et qui doivent être dénoncés.

M. Doumer a déjà fait de nombreux efforts pour obliger ses fonctionnaires à ne pas faire preuve, dans leurs rapports avec les indigènes, d'une brutalité répugnante : il n'a pas encore réussi.

A l'heure actuelle, on fixe les impôts, les patentes de la façon la plus arbitraire, au petit bonheur, sans enquêtes suffisantes, et, la plupart du temps, quand les mécontents réclament, ils sont reçus à coups de matraque.

Il en est de même pour les corvées de transport ou de travaux publics. Les Cambodgiens sont réquisitionnés avec une impitoyable dureté, seulement payés 15 ou 20 cents par jour (7 à 10 sous de notre monnaie) et généreusement régalés à coups de botte et de cadouille.

Cela est d'autant plus odieux que les Cambodgiens sont, je le répète, d'une douceur absolue et qu'on en obtiendrait tout par de bons procédés.

Pendant tout mon séjour sur les rives du Mékong, j'usai à leur égard de la plus grande courtoisie et les traitai en hommes libres : je n'eus, en retour, qu'à me louer de leur politesse et de leur empressement à m'être agréable.

Il me souvient encore de l'excursion que je fis à l'île de Kassoutim, à laquelle on peut se rendre à cheval pendant la saison des basses eaux. Formée par une des boucles du Mékong, l'île de Kassoutim est la perle du Cambodge, véritable jardin d'une incomparable fertilité, où poussent avec une vigueur sans pareille de superbes plantations de tabac et de coton.

Là, le gouverneur cambodgien me reçoit avec toutes les marques du plus grand respect : il m'offre généreusement un concert improvisé par ses musiciens ordinaires.

L'orchestre est composé de huit instruments variés, clarinettes étranges, tambourins et cymbales, lamelles de bois, cylindres de cuivre, d'où les Cambodgiens tirent les sons les plus discordants.

Une mélodie rudimentaire se perçoit pourtant à travers le tapage : une suite de gammes descendantes allégrement rythmées.

Je m'arrache difficilement à cette audition, qui pourrait sans doute infiniment se prolonger, tant les musiciens paraissent inlassables. Mais le jour baisse et le gouverneur décide de me donner pour escorte, à mon retour, ses quatre fils montés sur ces merveilleux petits chevaux cambodgiens, si minuscules qu'on hésite à les enfourcher, mais si pleins de sang et de fougue qu'on en descend à regret.

Dans la nuit, très obscure, nous galopons sans répit, et c'est à peine si, me retournant, je puis apercevoir les silhouettes curieuses des cavaliers aux torses nus qui, silencieusement, me suivent et veillent sur moi.

Brusquement, au tournant de la petite route que nous suivons, nos chevaux font un écart devant une paillotte brillamment illuminée, d'où sortent des murmures confus.

Je mets pied à terre et pénètre sous le toit, très bas, suivi de mon interprète.

Sans la moindre surprise, des hommes nous regardent, se lèvent, viennent à nous et expliquent qu'ils célèbrent l'anniversaire de la mort d'une mère. « Venez, ajoutent-ils, prenez place au milieu de nous, vous êtes les bienvenus. »

L'autel de Bouddha se dresse au fond de la paillotte, entouré de centaines de petits cierges.

Accroupis les uns à côté des autres, une vingtaine de bonzes, visages légèrement dissimulés derrière de petits écrans de soie jaune, psalmodient des chants religieux d'une lugubre monotonie.

Les saints hommes se poussent un peu et nous font place, et nos hôtes nous offrent gracieusement la tasse de thé hospitalière, sans que s'interrompent pour cela les ferventes prières marmottées par les bonzes et les assistants.

Puis nous repartons, après quelques minutes, respectueusement salués par ces gens paisibles, enchantés d'avoir, une fois par hasard, pris contact avec un blanc sans être molestés.

J'étais accompagné dans cette excursion, par M. Bessières, chancelier de la résidence de Kampong-Chnang : le lendemain nous résolûmes de visiter les ruines khmers de Wat-Nokor.

De minuscules mais vigoureux petits chevaux cambodgiens nous conduisirent aux ruines par une route très nouvellement construite à travers une belle forêt où s'ébattent des singes agiles et peu farouches.

Une heure suffît pour arriver à l'enclos tout plein de fraîcheur où dorment les ruines antiques sous la garde des bonzes drapés dans de jaunes péplums. Derrière un rideau de verdure, après avoir franchi comme un vaste cimetière de pierres écroulées, seuls témoins des splendeurs passées, nous arrivons à une première enceinte et nous pénétrons par une sorte de poterne voûtée où des chauves-souris, aux ailes sombres, au cri plaintif, à l'odeur fétide, ont par milliers élu domicile.

Une deuxième enceinte, formant un vaste quadrilatère, est commandée aux quatre faces par des portes superbement sculptées, de style khmer et qui sous la lumière éclatante du soleil étalent avec prodigalité les curieux et innombrables détails des figurines délicates.

Les murailles, aussi très décorées, présentent de loin en loin des niches en pierre de Bien-hoa où se dressent des statues vénérées toutes polies par les baisers et les pieux attouchements des pèlerins.

Cette seconde enceinte encore franchie, nous nous trouvons en présence de la pagode centrale d'une richesse encore plus étonnante et fouillée avec une patience [inouïe. Au centre du monument se trouve le bouddha doré à quatre faces devant lequel brûlent des centaines de petits cierges sans cesse renouvelés par l'empressement des fidèles.

Difficilement nous nous arrachons au spectacle de ces ruines somptueuses et nous regagnons, songeurs, la grande forêt aux arbres séculaires à l'ombre de laquelle vivaient jadis des générations dont l'œuvre artistique nous révèle l'étrange civilisation.

Le lendemain, en quelques heures de chaloupe, nous faisions une rapide excursion, plus haut sur le Mékong, aux ruines d'Ankey, dont les rares vestiges se perdent sous les branches d'immenses manguiers. Infiniment moins intéressantes que celles de Wat-Nokor et d'un tout autre caractère, elles ont du moins le mérite d'être situées sur une petite colline d'où la vue s'étend sur les sinuosités grandioses du fleuve.

Et je rentre à Pnom-Penh après quarante-huit heures de délicieuse promenade, impatient de connaître les merveilles d'Angkor, qui ne m'ont point fait oublier pourtant les sensations, d'un charme si pénétrant, éprouvées à Wat-Nockor.

Avant de m'embarquer pour Angkor, je tenais à faire connaissance avec un moyen de locomotion encore inédit pour moi : l'éléphant. Le résident supérieur du Cambodge m'offrit un jour l'occasion de faire une promenade sur cette gigantesque monture.

Au moyen d'une échelle, on atteint le palanquin solidement assujetti sur le dos de l'animal et il ne reste plus qu'à se laisser conduire par le cornac installé à califourchon sur le cou, et muni d'un aiguillon au fer recourbé.

L'éléphant est une bête luxueuse dont les personnages les plus importants font grand cas en Asie : j'avoue que j'ai peu goûté le charme de la promenade, de nouveau ramené aux plus mauvais souvenirs du roulis par le balancement vraiment trop exagéré qu'imprime au palanquin la marche lente et rythmique de l'énorme bête.

L'éléphant mérite-t-il tout à fait la réputation d'intelligence et de douceur qu'on lui a faite? J'ose dire que des doutes me sont venus à cet égard.

Son rôle dans les guerres antiques me paraît fort discutable et je crois bien que certaines paniques célèbres furent dues à la façon malencontreuse dont les éléphants, par des retraites trop précipitées, jetèrent le trouble dans les rangs de guerriers amis. Seules les mules du général White, au Transvaal, ont, dans les temps modernes, commis des méfaits analogues.

Comme moyen de transport, l'éléphant laisse aussi beaucoup à désirer : d'abord il marche avec une lenteur extrême, à peine 4 kilomètres à l'heure, et témoigne d'une véritable répugnance à dépasser la journée de huit heures. En outre, son appétit est formidable et il suffit à peine à porter la quantité de nourriture nécessaire à son entretien pendant quelques jours : donc, impossibilité de l'utiliser pour des tournées lointaines ailleurs que dans des contrées où le ravitaillement est facile.

Au risque de passer pour un dénigreur systématique et d'être accusé de partialité rancunière à l'égard des éléphants domestiques, il me faut encore être l'écho des plaintes amères que m'a fait entendre, au sujet des éléphants sauvages, le gouverneur général de l'Indo-Chine.

On sait que M. Doumer s'efforce de compléter avec rapidité le réseau télégraphique qui doit enserrer toutes les parties de nos possessions d'Extrême-Orient.

Or à tout instant les lignes sont interrompues, grâce à la malignité sournoise de bandes d'éléphants qui se divertissent à jeter bas les poteaux télégraphiques, parfois sur une étendue de plusieurs kilomètres. M. Doumer trouve avec quelque raison que les astucieux pachydermes pourraient prendre dans la brousse des distractions moins dispendieuses. Mais peut-être les éléphants voient-il dans cet abatage de poteaux autre chose qu'un plaisir analogue au jeu de quilles : moi je les soupçonne de vouloir empêcher, par ce moyen, la marche progressive d'une civilisation qui menacera tôt ou tard leur liberté et leur existence.

Si l'éléphant laisse, comme on voit, fort à désirer comme moyen de transport, le sampan cambodgien ne devait pas me laisser un plus agréable souvenir.

C'est pour me rendre aux ruines d'Angkor que je dus faire usage du sampan cambodgien.

Pendant la saison des hautes eaux, l'excursion de Pnom-Penh à Angkor est une simple partie de plaisir : après dix-huit heures de bateau à vapeur et quatre heures de charrette à bœufs, on atteint facilement les admirables ruines khmers.

Il en va tout autrement pendant la saison des eaux basses, pendant laquelle il faut faire usage d'un sampan, sorte de barque étroite et longue avec, au centre, une petite paillotte basse et exiguë.

Les huit rameurs qui poussent l'aviron avec une surprenante endurance occupent le devant et l'arrière du bateau, tandis que le passager est condamné à rester nuit et jour sous la petite paillotte centrale avec une température moyenne de 40 degrés !

Impossible, bien entendu, de se tenir debout : à peine même peut-on demeurer assis, et c'est presque continuellement couché sur le dos qu'il faut attendre la fin de l'emprisonnement, quatre jours à l'aller, trois jours au retour.

Pour comble d'infortune, quand nous arrivons dans le grand lac qui alimente le Mékong, un fort vent s'élève, de grosses lames se forment et embarquent sans cesse dans le sampan de plus en plus secoué ; si bien que je dois subir dans mon étroite prison un bain de siège, rafraîchissant, j'en conviens, mais par trop prolongé.

Enfin, le quatrième jour de cette navigation par trop originale, nous entrons dans une petite rivière ombragée et étroite, et quelques heures après nous sommes au point ultime du voyage par eau. Là, je devais être attendu par des charrettes à bœufs que, sur avis télégraphique, le gouvernement siamois du village de Siamreap devait envoyer à ma rencontre.

Mais un malentendu s'est produit, les charrettes à bœufs ne sont pas là et je suis obligé de gagner à pied le village siamois, sous un soleil implacable; quatre heures de marche que je recommande aux personnes adipeuses qui ont à perdre de l'embonpoint.

A Siamreap, le don d'une bouteille d'absinthe, d'un litre de vermout et d'un flacon d'eau-de-vie me mérite rapidement les bonnes grâces du noble ivrogne qui remplit là les fonctions de gouverneur.

Ce cocasse personnage, costumé curieusement mi-partie à la mode anglaise et mi-partie à la mode cambodgienne, s'empresse de mettre à ma disposition les charrettes à bœufs qui me sont nécessaires, et, après un déjeuner frugal, me voici sur la route d'Angkor.

De Siamreap à Ankgor-Wat, il faut compter environ une heure et demie en charrette à bœufs.

Si la réputation de l'éléphant est à mon avis surfaite, celle de la charrette à bœufs est au contraire détestable avec un peu d'injustice. On m'avait dépeint sous de sombres couleurs ce mode de voyager : pour cela sans doute il me parut moins désagréable que je ne m'y attendais.

Évidemment ces petits véhicules étroits, consruits en bois, ajustés de façon problématique avec des roues de forme plutôt ovoïde, sont d'un médiocre confortable. Mais, c'est affaire de goût : je préfère les soubresauts de la charrette au roulis de l'éléphant.

La charrette en question est tantôt attelée de buffles, tantôt traînée par des bœufs. Les premiers marchent d'un pas tranquille et lent ; les seconds sont, au Cambodge surtout, d'excellents trotteurs qui vont allégrement par les routes ensablées, aux profondes ornières.

Le conducteur est placé à califourchon sur la pièce de bois qui sert de joug ; le voyageur est obligé de s'étendre tout de son long sur les planches de la charrette en faisant effort pour conserver l'équilibre difficilement réalisable dans ces chemins à peine tracés où les roues tantôt plongent dans des fondrières, tantôt grimpent par-dessus rochers et troncs d'arbres.

Et l'on avance ainsi par monts et par vaux, sous un soleil de plomb, enveloppé de poussière blanche aveuglante et étouffante, tandis que grincent lamentablement les essieux de la charrette. Et comme je demande pourquoi on ne met pas un peu de graisse pour éviter ce bruit agaçant, on me répond que ces grincements ont leur utilité, qu'ils font peur aux tigres et les écartent de notre route.

C'est un argument sans réplique, car en Indo-Chine, la crainte du tigre est le commencement de la sagesse.

A mesure que nous avançons, la forêt se fait plus épaisse et plus mystérieuse, comme pour se mettre à l'unisson des ruines sacrées qui vont bientôt se dresser devant nous.

Les arbres deviennent plus majestueux et lancent hardiment vers le ciel des cimes orgueilleuses; ils haussent leur taille, semble-t-il, pour égaler l'âme des hommes.

Des hommes? Les Cambodgiens affirment que seuls des génies, des êtres surhumains ont pu édifier les formidables murailles d'Angkor.

L'explication aurait au moins l'avantage de mettre fin aux polémiques des érudits qui ne peuvent se mettre d'accord sur l'époque à laquelle appartient la fondation d'Angkor: aucun document précis ne nous éclaire sur ces générations disparues qui nous laissèrent un tel témoignage de leur sens artistique et de leur puissance créatrice.

De la longue chaussée de dalles qui conduit à l'édifice et qui est gardée par de fantastiques lions de pierre, le coup d'œil st merveilleux: on avance ébloui et profondément impressionné.

Quelle grandiose épopée fut vécue parmi ces ruines? Quels secrets gardent ces pierres qui défient le temps et résistent depuis tant de siècles à la formidable et patiente poussée de la végétation destructive?

L'état de conservation des ruines est vraiment étonnant.

N'était-ce pas hier que de longues files de bonzes erraient, recueillis, sous ces galeries monumentales, dans ces cloîtres exquis, le long de ces bas-reliefs extraordinaires par l'infinie diversité des sujets, la fantaisie des détails, la puissance des scènes représentées?

N'était-ce pas hier encore que s'agenouillaient les Khmers sur les marches escarpées de ces deux délicieux petits temples, aux colonnades presque helléniques qui flanquent de chaque côté le grand escalier central?

N'était-ce pas hier enfin que des milliers de pèlerins gravissaient à genoux le monumental escalier conduisant à l'enceinte sacrée où le bouddha à quatre faces écoutait les prières avec son immuable et bienveillant sourire?

Et je ne sais vraiment quelle est l'impression la plus forte : celle que produit par elle-même la sévère et grandiose majesté architecturale d'Angkor, ou celle qui naît du mystère qu'on sent planer sur toutes ces merveilles.

Peu à peu le jour baisse, l'obscurité grandit et bientôt, tous les détails s'étant évanouis, nous n'apercevons plus qu'une masse sombre faiblement et discrètement éclairée par le scintillement des étoiles, dans cette nuit sans lune.

Le lendemain, après un sommeil réparateur sur les nattes flexibles de la « Cagnia des étrangers », je me mets en route pour Angkor-Town. On y arrive après une heure de charrette à bœufs, et après avoir passé à mi-chemin sous une admirable porte presque ogivale s'encadrant avec un charme inouï dans la puissante végétation qui l'enveloppe.

Angkor-Town est infiniment moins bien conservé qu'Angkor-Wat; mais il s'y trouve des ruines imposantes qui donnent pourtant une faible idée de ce que fut jadis l'immense cité.

Des lourdes murailles, ornées d'énormes éléphants sculptés sur la pierre, des pyramides avec les quatre faces de Bouddha, des galeries voûtées, des tours massives témoignent maintenant de la prestigieuse grandeur de cette ville disparue.

Et maintenant, il nous faut revenir parmi les vivants après cette trop courte visite à des ruines qui évoquent de façon si poignante le génie des morts.

Les ennuis et les fatigues du voyage sont vite oubliés. Il ne nous reste de ces journées que l'impérissable souvenir de profondes émotions artistiques.

CHAPITRE III

LES CODES CAMBODGIENS

Au milieu de toutes les préoccupations qui passionnent l'opinion publique, de plus en plus attirée sur notre politique extérieure, les choses de l'Extrême-Orient restent au premier plan, et le monde a les yeux fixés vers ces continents toujours un peu mystérieux où s'agitent des problèmes complexes et troublants, et où peuvent naître chaque jour des conflits néfastes pour la paix universelle. Les questions coloniales méritent donc d'être étudiées avec un soin particulier, et rien n'est indifférent de ce qui peut éclairer les esprits sur la mentalité, les mœurs, les aspirations des peuples que nous voulons soumettre à notre influence.

On a pu constater trop souvent quelle lourde faute il y avait à ne pas mieux connaître les institutions nationales des pays où on s'efforçait de faire pénétrer la civilisation occidentale. Ce fut une détestable politique que celle consistant à imposer des lois, des systèmes administratifs, sans se soucier de savoir dans quelle mesure on heurtait les sentiments les plus enracinés des peuples conquis ou protégés.

Il est grand temps de revenir à une autre méthode, si on veut éviter des catastrophes imminentes, et si on veut remplacer la brutalité des expéditions militaires par la marche normale d'une civilisation consciente et réelle. La première chose à faire est assurément d'étudier, le plus soigneusement possible dans les documents qui nous parviennent, comment on peut concilier les coutumes, les lois, les mœurs des indigènes avec celles qui sont les nôtres, et que nous avons une tendance trop impatiente à vouloir imposer.

Récemment, un prince cambodgien, qui fut notre hôte, s'est expliqué sur ce sujet avec une véhémence qui scandalisa notre administration coloniale et qui souleva de nombreux incidents : Iukanthor fut même obligé, on s'en souvient, de passer notre frontière et d'aller se mettre à l'abri, chez nos voisins belges, de certaines représailles redoutables.

Je n'ai point ici le dessein de revenir sur ces incidents, de discuter la personnalité d'Iukanthor, de démêler sa véritable situation à la Cour de Norodon, et le but de sa visite : il m'importe peu de prendre parti dans la querelle soulevée entre

M. Ducos, ancien résident supérieur, et le roi du Cambodge à propos de la ferme des jeux. Il y aurait trop à dire sur toutes ces questions, et on arriverait sans doute à distribuer généreusement le blâme aux uns et aux autres.

Il n'est que trop certain qu'un régime passablement tyrannique a été imposé au Cambodge par notre protectorat. Les quelques semaines que j'ai passées là-bas ont suffi à m'éclairer sur les habitudes de brutalité, sur les détestables actes d'arbitraire qui rendent odieux à l'indigène les fonctionnaires coloniaux.

Il est non moins évident que Norodon est peu sympathique, et que ce roitelet alcoolique et fumeur d'opium n'a jamais eu le moindre souci de la dignité et du bien-être de ses sujets, que l'état de ses finances est sa seule préoccupation, et qu'il a toujours cherché dans la passion du jeu, si développée chez les Cambodgiens, les ressources indispensables à la satisfaction de ses propres vices. En l'espèce, les indigènes sont seuls intéressants, eux qui, en tout état de cause, reçoivent les coups et paient les impôts.

Iukanthor a, dans un article sensationnel, opposé notre civilisation à la civilisation khmer : il a vanté avec enthousiasme cette dernière, et affirmé qu'elle suffisait à assurer le bonheur du peuple.

Nous ne demandons qu'à le croire, mais nous

sommes curieux de connaître davantage une civilisation si bienfaisante, et nous trouvons dans
l'étude des codes cambodgiens des éléments d'ap-
préciation incontestablement précieux : de cette
étude, aussi rapide que possible, nous conclurons
sans doute que les lois du royaume avaient cela de
commun avec toutes les institutions humaines,
qu'elles renfermaient du bon et du mauvais, et, en
tournant les pages, nous trouvons tour à tour des
articles qui font frémir tant ils témoignent d'une
effroyable férocité, d'autres qui feront sourire par
leur pittoresque, d'autres enfin qui pourraient heureusement inspirer nos législateurs européens.

La férocité orientale, le goût des supplices, le
raffinement dans la torture, se manifestent dès le
début par la définition des vingt et une manières
de donner la mort. Je ne veux point abuser de la
nervosité du lecteur par une si longue et si lugubre
énumération : quelques exemples suffiront à
l'édifier.

1° Les exécuteurs, après avoir fait de larges
blessures à la tête du patient, la font mettre sur
une barre de fer rougie au feu, et l'y laissent
jusqu'à ce que toute la chair soit consumée et qu'il
ne reste plus que l'os à nu ;

2° Ils versent de l'huile dans la bouche du patient,
tenue ouverte au moyen d'un bâillon, et l'enflam-
ment avec une mèche ;

3° Ils lui enveloppent les dix doigts des mains dans une toile imbibée d'huile, et y mettent le feu;

4° Au moyen d'un trident de fer qu'ils lui passent à travers le corps, ils le tiennent comme cloué à la terre, sans qu'il puisse remuer. Dans cette position, on le brûle jusqu'à ce qu'il rende le dernier soupir;

5° Les exécuteurs, après avoir enlevé les chairs avec un couteau, prennent un peigne de fer qu'ils passent sur le corps du patient, jusqu'à ce qu'il ne reste plus que les os;

6° Ils lui broient les os avec une pierre, sans enlever ni la peau ni la chair, puis le plient comme un paquet, et le jettent;

7° Ils creusent une fosse dans laquelle ils l'enterrent vivant jusqu'aux reins, puis ils le couvrent de paille à laquelle ils mettent le feu; lorsqu'il est couvert de brûlures et d'ampoules, ils font passer sur son corps une charrue de fer jusqu'à ce qu'il soit mis en pièces;

8° Les exécuteurs détachent du corps du patient des lambeaux de chair qu'ils font frire à l'huile et ils l'obligent à les manger.

En voilà assez! tout cela est horrible et suffit à montrer qu'avant l'occupation française, on était assez loin, au Cambodge, de l'âge d'or que le prince Iukanthor voulait nous représenter.

La cruauté des bourreaux ne s'exerçait d'ailleurs pas exclusivement sur les condamnés à la

peine capitale : elle trouvait encore à s'employer
dans l'application de la question qui faisait presque
toujours partie de l'instruction judiciaire. La question nommée Keap était une des plus usitées: elle
consistait à ce que les tempes du patient se trou-
vaient serrées de chaque côté par deux petites
lattes de bambou reliées ensemble aux extrémités ;
en cas de refus d'avouer, on introduisait entre les
lattes et les tempes des petits coins ou des noix
d'arec enfoncés avec violence : cette torture était
telle que les yeux du supplicié sortaient parfois
d'un pouce de leur orbite.

Enfin, pour que ce soit plus complet et plus
frappant encore le rapprochement avec les exécrables coutumes de notre moyen-âge, il importe
de noter que les épreuves étaient encore en usage
au Cambodge, il y a quelques années ; elles étaient
au nombre de sept :

1° Celle de l'étain fondu ;

2° Celle du serment ;

3° Celle du feu ;

4° Celle qui consiste à faire plonger les deux
adversaires ;

5° Celle qui consiste à les faire nager contre
courant ;

6° Celle qui consiste à leur faire traverser un
cours d'eau ;

7° Celle des cierges allumés.

Ces diverses cérémonies ne vont pas sans quelques formalités religieuses, l'offrande à une bonzerie de deux marmites en terre, de cinq petits cierges, d'un coq et d'un canard, de cinq coudées de toile blanche et d'une bouteille d'eau-de-vie de riz. Après quoi, on peut procéder à une sorte de jugement de Dieu.

Voici par exemple l'épreuve de l'eau :

A un signal donné, les deux plaideurs doivent plonger simultanément dans le fleuve. Dès qu'ils ont disparu sous l'eau, un officier de justice retient sa respiration aussi longtemps qu'il peut, trois fois de suite. Si après ce temps écoulé on ne voit pas les adversaires sortir de l'eau, les gardes préposés à cet effet doivent se hâter d'aller les saisir pour les faire monter : alors l'épreuve est douteuse.

Si un des adversaires sort de l'eau pour respirer avant le dernier intervalle, les gardes doivent aussitôt plonger pour aller retirer l'autre. Celui qui est sorti le premier aura perdu son procès.

Pour l'épreuve du feu, on fait creuser une fosse dans laquelle on met une forte épaisseur de charbons ardents. Après que les deux adversaires, dont les pieds ont été soigneusement examinés et lavés, ont marché sur les charbons ardents, le tribunal les fait observer et garder à vue de trois à sept jours. S'il y a des ampoules aux pieds d'un des adversaires, celui-là est reconnu fautif. Si les deux ont des ampoules, on passe à une autre épreuve.

En voici une qui a tout au moins le mérite d'être complètement inoffensive.

On écrit huit billets qu'on place dans une urne neuve en bronze. Sur quatre de ces billets se trouvent les mots « c'est juste », sur les autres, les mots « c'est injuste ».

Après cela, les invocations aux esprits sont faites suivant une liturgie très compliquée et chacun des adversaires doit tirer quatre billets.

Si l'un d'eux a tiré les quatre billets où est écrite la formule « c'est juste », il gagne complètement sa cause ; s'il n'a que trois billets favorables, il reste un léger doute ; si le sort est égal pour les deux parties, aucune n'a gain de cause.

Les bonzes contre lesquels une accusation quelconque est portée peuvent être soumis à certaines épreuves, mais tout à fait anodines ; en voici un exemple :

On fait coucher le bonze incriminé sur un lit préparé dans une pagode : après que cinq bonzes purs et chastes ont fait les invocations aux génies et que les esprits des mille mondes ont été invités à être témoins, si le bonze accusé est tourmenté par les cauchemars, par les âmes des morts qui entrent en lui, par des fantômes de forme humaine ; si des fourmis en grande quantité viennent le mordre ou bien si des pierres, des mottes de terre sont lancées sur lui par des mains invisibles, c'est un signe de sa culpabilité ; sinon il est réputé innocent et pur.

Les bonzes ainsi éprouvés devaient, on en conviendra, échapper sans le moindre risque, à toute accusation, d'autant plus que le principe suivant est formellement inscrit dans les codes cambodgiens : « si l'accusateur ne fait pas la preuve de ce qu'il impute à l'accusé, il doit être condamné à subir la peine qu'aurait dû subir l'accusé au cas où le crime aurait été prouvé ».

Le principe est fort bon dans une certaine mesure, mais avec les moyens de faire la preuve contre les bonzes, moyens que nous venons de décrire, les accusateurs, avec un juste sentiment de prudence, devaient, je suppose, se faire très rares.

Mais il serait injuste de s'en tenir trop longtemps aux plus détestables articles du code cambodgien, sans y chercher par contre les sages et bienfaisantes dispositions.

Dans cet ordre d'idées, une remarque s'impose : c'est que les Cambodgiens paraissent avoir un louable souci de la vraie responsabilité et qu'ils cherchent à frapper non pas l'auteur inconscient d'un délit ou d'un crime, mais le véritable coupable, l'inspirateur.

Cette louable préoccupation se manifeste fréquemment dans les codes : en voici deux exemples caractéristiques. Le premier peut être tiré des articles 15 et 16 qui punissent certaines femmes pour leur inconduite ; en voici le texte :

« Art. 15. — Si une femme ayant deux amants, l'un des deux rencontre l'autre, l'injurie, le frappe et le blesse, il sera puni d'une amende selon la loi, au profit du blessé. Quant à cette femme qui a des relations avec deux hommes et qui par son inconduite est cause de ce qui est arrivé, elle sera punie suivant l'usage du royaume. »

« Art. 16. — Une femme qui donne d'abord ses bonnes grâces à un premier amant, puis à un second et qui, par sa légèreté de conduite, est cause que l'un de ces deux rivaux tue l'autre, sera punie de la manière suivante : d'abord elle recevra trente coups de rotin, puis elle aura les cheveux coupés en forme de pied de corbeau, on lui mettra des roses rouges de Chine aux deux oreilles et, dans cet état, on la fera monter sur le pieu pendant trois jours. »

Notons en passant que l'entremetteur est aussi très sévèrement puni ; l'article 13 est en effet ainsi conçu :

« Art. 13. — Quiconque se fait l'entremetteur des relations coupables d'un homme ou d'un jeune homme avec la fille, la nièce ou la petite-fille de quelqu'un et les favorise sera condamné à quinze ou vingt coups de rotin, selon la gravité de la

faute dont il se rend coupable en faisant désho-
norer cette jeune fille. »

Et l'article 4 n'est pas moins formel qui est ainsi
conçu :

« Art. 4. — Quiconque est cause, par ses artifices,
par ses procédés, que la femme d'autrui commet
l'adultère, sera puni d'une amende qui est la moitié
de celle qui est infligée à celui qui vole la femme
d'un autre. Celui qui, par son silence ou de toute
autre manière, favorise ce commerce criminel, sera
puni d'une amende qui est la moitié de celle à
laquelle est condamnée la personne qui, par ses
artifices, par ses procédés, est cause que l'adultère
est commis. »

Nous avons raison de dire, n'est-il pas vrai, que
les Cambodgiens ont un sentiment très net de
la responsabilité morale : le second exemple en
témoigne plus éloquemment encore.

Un homme va passer la journée et dîner chez un
ami et il s'enivre à la suite de libations trop co-
pieuses ; en rentrant chez lui, il commet un délit
ou un crime, brise des clôtures, ou assomme un
passant. Sera-t-il condamné? Non pas : aux yeux
du législateur cambodgien le seul coupable en cette
affaire est l'hôte qui a permis à son ami de s'enivrer
et c'est lui qui est puni par tous les méfaits dont
l'ivrogne est l'auteur irresponsable.

Les mêmes responsabilités sont à la charge du

marchand d'alcool qni laisse son client s'enivrer et qui ne prend pas la précaution de le ramener chez lui afin d'éviter tout scandale sur la voie publique.

Nos législateurs occidentaux pourraient s'inspirer heureusement de ces dispositions et j'imagine que les mastroquets favoriseraient moins l'ivresse de leurs clients s'ils étaient contraints à les ramener chez eux pour éviter d'être condamnés eux-mêmes à toutes les peines encourues par les ivrognes abandonnés dans la rue.

En continuant de feuilleter les codes cambodgiens, nous allons y découvrir encore quelques traits de mœurs intéressants à noter. Le chapitre sur les devoirs réciproques des époux est celui qui offre le plus de détails pittoresques sur les mœurs indigènes.

Il importe d'abord de noter que la loi cambodgienne admet trois classes de femmes regardées comme légitimes : la première, qu'elle considère comme la plus grande, est celle qui a été demandée en mariage à son père et à sa mère, ou à ceux qui les remplacent lorsqu'ils sont morts, selon l'usage du pays, c'est-à-dire par l'offrande de bétel et d'arec, les saluts accoutumés, etc., etc. Pour ce mariage, on prépare toujours des festins. La seconde classe, que la loi appelle Anu-piria, et à laquelle, dans le langage ordinaire, on donne le nom de

Prapon condal (épouse du milieu), est la femme qu'un jeune homme ou un homme déjà marié demande à ses parents, sans faire l'offrande du bétel et de l'arec, et pour laquelle il n'y a pas de repas de noces. Ordinairement, cela arrive quand un mandarin aime une jeune fille du peuple ou quand un homme riche veut épouser une fille d'une famille pauvre. Néanmoins, dans ces cas, quoiqu'on ne donne aucune solennité au mariage, souvent celui qui demande ainsi la main d'une jeune fille fait des présents au père et à la mère, soit en argent, soit en objets quelconques. La troisième classe, que la loi nomme Teasey piria, est celle qui comprend les femmes rachetées de l'esclavage où elles avaient été réduites par la misère de leurs parents ou par la leur propre, par un homme auquel la femme plaît et dont elle devient l'épouse.

Après avoir ainsi distingué les trois classes d'épouses regardées comme légitimes et leur avoir assigné le rang qui leur convient, la loi ajoute : « Si un individu commet l'adultère avec la première femme d'un autre, il sera condamné à l'amende entière. Celui qui commet l'adultère avec la deuxième femme d'un autre, sera condamné aux quatre cinquièmes de l'amende d'usage. Si l'adultère est commis avec la troisième femme d'un autre, le coupable sera condamné aux trois cinquièmes de l'amende d'usage. »

Quant à la femme adultère, elle sera punie de la manière suivante : « On lui couvrira la figure d'un panier de bambous tressés, ensuite on mettra des roses de Chine rouges derrière ses deux oreilles, et on tressera, avec ces mêmes roses, un collier et une couronne qu'on mettra sur sa tête et autour de son cou ; dans cet état, on la promènera trois jours durant au son du tam-tam, au milieu de deux haies de gens armés de piques et de sabres, dans la ville et dans le marché. Durant cette cérémonie, la coupable doit publier sa faute et exhorter les femmes à ne pas suivre son mauvais exemple. »

Nous avons déjà trouvé plus haut des dispositions analogues et une condamnation à l'exposition publique de la femme coupable portant aux oreilles des roses de Chine.

Les roses de Chine sont bien décidément l'emblème infamant au Cambodge, et leur application, souvent prescrite, prouve le souci du législateur de punir fréquemment par la perte de la considération. Comme tous les Orientaux, en général, les Cambodgiens ont très développé le sentiment de la dignité, et, étant donné leur mépris de la douleur physique, il est incontestable que les coups de rotin leur sont moins sensibles que toute blessure faite à leur amour-propre.

Les codes cambodgiens entrent dans les détails les plus étendus et les plus circonstanciés sur toutes les fautes, délits ou crimes qui peuvent résulter des relations entre hommes et femmes, et témoignent ainsi d'un grand souci de sauvegarder les bonnes mœurs. Même, le législateur pousse ce soin jusqu'à prévoir des cas qui paraissent singuliers.

C'est ainsi qu'une peine spéciale est prescrite quand une femme « commet l'adultère pendant que sa maison brûle ». On voit justement une aggravation de culpabilité lorsque la faute est commise en un pareil moment. Il faut en effet qu'une femme ait une étrange hâte de devenir infidèle pour qu'elle choisisse précisément l'heure où son logis est en flammes.

La loi est aussi sans indulgence pour un autre cas seulement explicable par une anormale perversion ; ce cas est prévu par l'article 29, que voici :

« Art. 29. — Si, immédiatement après la mort de son mari, le corps du défunt, étendu dans un cercueil, étant encore dans la maison, lorsqu'elle doit porter le deuil et répandre des larmes, une femme introduit dans la maison même où se trouve ce cadavre un amant et l'y fait coucher, la justice, sur la plainte des parents de ce défunt, qui ont vu le fait, examinera s'il est vrai et certain. Si le fait est prouvé, cette femme sera punie de la manière qui suit : On mettra sur sa tête un panier de bambous tressés qui descend jusqu'aux yeux, et on la promènera dans cet état trois fois autour de la maison où se trouve ce cadavre. Durant cette cérémonie, elle doit publier sa faute. Quant à celui qui a été introduit dans la maison mortuaire, il sera condamné à une amende de trois âmhing, deux tomlong et deux bats (environ 280 francs). Les père et mère, les frères et sœurs ou les autres parents, au défaut des premiers, bénéficient de cette amende. »

Déjà sévère pour une faute momentanée, le code cambodgien devient impitoyable pour celle non suivie de repentir.

Cela résulte, à n'en pas douter, de l'article 6 que voici :

« Art. 6. — Si une femme mariée, qui a un amant avec lequel elle a commis l'adultère, demeure avec lui un ou deux jours, ou plus longtemps, elle est considérée comme une personne perdue de mœurs; par conséquent, après avoir mis à l'amende son amant, on la punira de la manière suivante : on prendra de la chaux avec laquelle on tracera deux lignes en forme de croix sur la figure de cette femme, puis on placera sur sa tête une couronne de roses de Chine rouges et un collier de ces mêmes fleurs à son cou; après, on la fera monter sur le chhoandot et on la promènera au son du tam-tam, au milieu de deux rangs de gens armés de sabres et de piques, à travers la ville et dans le marché.

Durant cette promenade ignominieuse, elle devra publier sa faute et exhorter les femmes à ne point suivre son exemple. Quant à son complice, déjà puni d'une amende, on le fera rester, la cangue au cou, trois jours durant sous le chhoandot. Enfin, les coupables recevront soixante coups de rotin. »

Quant au mari, son devoir est tout tracé et le pardon lui est interdit par les articles 5 et 7.

« Art. 5. — Si une aventurière qui gagne sa vie en chantant et en allant faire la comédie de côté et d'autre, en tendant la main et en mendiant de porte en porte, après avoir été épousée par quelqu'un, commet l'adultère au su de son mari, on doit la punir de manière à la couvrir de honte, elle et son complice. Par conséquent, on couvrira la figure de cette femme d'un panier de bambous tressés, on lui mettra des roses de Chine rouges aux deux oreilles, on tressera avec les mêmes fleurs une couronne qu'on mettra sur sa tête et un collier qu'on mettra à son cou, puis on prendra un joug et on attellera cette femme et son complice à côté l'un de l'autre. Cela fait, on les promènera au son du tam-tam et on les fera labourer trois jours.

» Si le mari de cette femme a encore de l'affection pour elle et la garde pour épouse, la loi veut qu'on le saisisse et qu'on l'attelle avec sa femme à la place du complice, qui est mis hors de cause, sans même payer l'amende. »

« Art. 7. — Le mari qui surprend sa femme au moment où elle commet l'adultère, doit tuer les deux coupables. S'il ne tue que l'homme et laisse échapper la femme, ou s'il donne la mort à la femme et laisse l'homme s'enfuir, il sera condamné à une amende proportionnée à sa dignité, au profit du trésor du roi. »

Si les femmes mariées sont ainsi protégées contre les entreprises des galants et contre leurs propres entraînements, les jeunes filles ne sont pas moins placées sous la sauvegarde de la loi qui se montre impitoyable pour le séducteur.

Sans entrer dans l'étude détaillée de nombreux articles qui, à défaut d'autres avantages, ont au moins celui de la précision, tant ils insistent sur les circonstances du délit, citons cependant quelques textes assez étranges.

L'article 9 du chapitre est notamment curieux, et il apporte un nouvel appui à l'opinion que j'émettais plus haut en signalant chez les Cambodgiens une louable recherche de la responsabilité morale.

L'article 9 est ainsi conçu :

« Art. 9. — Si l'amant d'une fille venant, soit spontanément, soit sollicité par elle, la voir pendant la nuit, est surpris par les parents de cette fille qui, ne le connaissant pas, le prennent pour un individu suspect, pour un voleur et le tuent, cette fille sera vendue et la moitié de son prix sera pour les père et mère, les frères et sœurs de cette fille. Si les père et mère, frères et sœurs de cette fille savent parfaitement ce qui se passe et connaissent celui qui vient débaucher leur fille, feignent de ne point le connaître et le tuent, après avoir calculé le prix de ce mort, le tribunal fera vendre cette fille sur le marché. Le prix qu'il retirera de la vente sera livré aux père et mère du défunt, afin qu'ils l'emploient à faire de bonnes œuvres pour lui. »

L'article 11 qui suit paraît consacrer formellement ce que nous appellerions ici l'union libre et lui donne l'existence légale :

« Art. 11. — Si, quoiqu'il n'y ait pas eu khansla, ni repas de noces, un jeune homme et une jeune fille se sont unis et cohabitent comme époux et épouse, du consentement des père et mère de cette fille, si ceux-ci le savent et le tolèrent, si ce jeune homme construit une maison, gagne sa vie et travaille pour entretenir et nourrir leur fille, aussi longtemps que l'usage l'exige, quand même ils n'auraient pas eu d'enfants de leur union, ils sont légalement époux et épouse. Mais si ce jeune homme n'a pas construit de maison pour habiter, s'il n'a pas cherché à gagner sa vie, s'il n'a pas travaillé pour entretenir et nourrir cette fille, comme l'usage exige qu'un mari entretienne et nourrisse sa femme, s'il a toujours habité la maison, soit de ses père et mère, soit de ses parents, soit de ses amis, cette fille n'est point légalement son épouse, et si ses parents veulent les séparer et reprendre leur fille, ils le peuvent; si cette fille veut l'abandonner, elle le peut. »

Toutefois le consentement des parents est indispensable et les articles 36, 38, 39, 40 et 41 sont très sévères pour le séducteur qui a enlevé une jeune fille et qui refuse de se soumettre aux volontés du père et de la mère.

Sévérité un peu tempérée cependant par l'article 42 qui trouve dans l'amour réciproque des jeunes gens, une excuse et une justification de leur union.

Tous ces textes méritent d'être cités, car ils témoignent en somme d'un esprit de justice très développé et d'une psychologie assez fine.

« Art. 36. — Si, après qu'un jeune homme a demandé, selon l'usage, la main de la fille, de la nièce (jeune fille) ou de la petite-fille de quelqu'un, et subi un refus de la part des parents, ce jeune homme et cette jeune fille qui s'aiment prennent la fuite ensemble et vont dans un endroit quelconque où ils vivent comme mari et femme, à l'insu des père et mère de cette fille, ils ne sont point mariés aux yeux de la loi, quand même ils auraient eu des enfants. Par conséquent, si cette fille, qui n'est que la concubine de ce jeune homme, se livre à un autre, ce dernier ne sera puni que d'une amende de trente tomlong (environ 80 fr.) au profit du trésor du roi. Quant au jeune homme qui l'a demandée en mariage selon l'usage et qui l'a fait fuir, il doit préparer tout ce qui est nécessaire, d'après la coutume du pays, pour aller faire des excuses aux père et mère de la fille et leur demander pardon. S'il ne le fait pas et s'il ne prépare pas le repas de noces, les parents de la fille peuvent la lui reprendre et les séparer. »

« Art. 38. — Si un jeune homme qui, par des paroles flatteuses, a sollicité et a fait fuir avec lui la fille, la nièce (jeune fille) ou la petite-fille de quelqu'un, reconnaissant sa faute, prépare tout ce qui est requis par l'usage et vient avec elle avouer sa faute aux parents de la fille, il ne sera pas puni, dans le cas où ceux-ci consentent à lui pardonner et à la lui donner pour épouse.

» Si les parents de la fille (ses père et mère), auxquels ce jeune homme, après l'avoir cachée, envoie des intermédiaires pour la leur demander en mariage, la lui refusent, il ne peut la garder ni l'épouser. Si cette fille, ne voulant point rester avec ce jeune homme, prend la fuite pour revenir vers ses père et mère, ce jeune homme ne peut point s'opposer à son retour ni la saisir pour la ramener, et s'il le fait ou si, cette fille étant déjà revenue chez ses parents, il la suit et vient la reprendre, il se met en contravention et doit être puni selon la loi. Si ce jeune homme a eu des complices dans sa conduite coupable, chacun d'eux subira la moitié de la peine prononcée contre le principal coupable. »

« Art. 39. — Dans le cas où un jeune homme ou une fille ont des rapports ensemble à l'insu des parents de la fille et prennent la fuite, si ce jeune homme ne revient pas saluer les parents (père et mère) de celle-ci et leur demander pardon, il doit être puni d'une amende proportionnée à sa faute, au profit des père et mère de la fille, à qui elle doit être rendue. »

« Art. 40. — Si une jeune fille prend la fuite pour suivre un jeune homme, elle doit être punie d'un nombre de coups de rotin proportionné à sa faute, puis elle sera livrée à ses père et mère. Pour le jeune homme qui a manqué aux parents de cette fille, il doit être mis à l'amende selon l'usage. »

« Art. 41. — Quiconque a fait fuir et a gardé longtemps comme concubine, à l'insu de ses parents, une fille qui, devenue enceinte, meurt des suites de sa grossesse ou de ses couches, doit d'abord payer une amende égale à la valeur de la vie de cette fille, puis subir une peine proportionnée à la faute qu'il a commise envers les parents de cette jeune fille. »

« Art. 42. — Si un jeune homme a séduit et a fait fuir la fille, la nièce (jeune fille) ou la petite-fille de quelqu'un, et s'il vit heureux avec celle qui s'est donnée à lui, il doit ramener cette fille soit à ses père et mère, soit à ses frères et sœurs, soit à son grand-père ou à sa grand'mère, soit à son oncle ou à sa tante, puis préparer tout selon la coutume et faire le repas de noces. Après cela, pourvu que ce jeune homme soit irréprochable, il peut rester avec cette jeune fille comme son mari ; mais s'il est ingrat, irréligieux, s'il a la réputation de boire, de jouer ou de se livrer à des actes coupables, les père et mère, les frères ou sœurs, le grand-père ou la grand'mère, l'oncle ou la tante, qui ne sont pas satisfaits de cette alliance, doivent exiger de lui la promesse par écrit de s'amender. Cela fait, ce jeune homme et cette jeune fille pourront cohabiter et se considérer comme époux et épouse, parce que, vu leur affection mutuelle, il serait injuste de les séparer. Si, après que ce jeune homme a rendu cette fille à ses père et mère ou à ses frères et sœurs, etc., etc., et préparé toutes choses selon la coutume, il se dispose à aller leur faire les offrandes requises par l'usage, et s'ils ne veulent point le recevoir, le trompent par des paroles fallacieuses et donnent cette fille à un autre, ils se rendent coupables de violations des usages. Par conséquent, celui à qui cette fille a été donnée en mariage en dernier lieu, sera condamné à l'amende qui est infligée à quiconque vole la femme d'un autre, et ceux qui la lui ont donnée à la moitié de cette amende.

» Si ce jeune homme n'a point remis cette fille entre les mains soit de ses père et mère, soit de ses frères et sœurs, soit de son grand-père ou de sa grand'mère, soit de son oncle ou de sa tante, et n'a point préparé toutes choses selon l'usage, il commet une contravention et sera puni de trente coups de rotin et d'une amende proportionnée à la faute dont il s'est rendu coupable envers les parents de cette fille, dont il a méconnu l'autorité.

» Cette fille recevra également trente coups de rotin pour avoir manqué à ses parents.

» Si ce jeune homme, après avoir fait fuir cette jeune fille, l'a vendue ou engagée à prix d'argent, il doit être condamné à l'amende dont est passible quiconque fait fuir une fille de famille, et à rembourser intégralement tout l'argent qu'il a reçu, pour cette vente ou cet engagement, à celui qui l'a déboursé. Ensuite, ce jeune homme recevra cinquante coups de rotin et cette fille qui l'a suivi vingt-cinq coups, parce qu'en s'attachant à ce mauvais sujet, elle a causé un scandale dans le royaume. »

Le dernier alinéa de cet article 42 est à noter

tant il recèle un louable souci de la moralité publique.

*
* *

Tout le chapitre relatif au témoignage, aux divers ordres de témoins, aux précautions prises comme garantie de leur sécurité, serait à citer; mais la place me manque et je ne veux retenir ici qu'un trait singulier de cette législation asiatique.

Parmi les personnes dont le témoignage ne peut jamais être admis en justice et qui se déterminent par 29 classes soigneusement énumérées, nous relevons les désignations suivantes :

Les hommes pervers ;
Les médecins de profession ;
Les cordonniers de profession ;
Les chasseurs ;
Les joueurs ;
Les voleurs.

Pourquoi les codes assimilent-ils, de façon si irrévérencieuses et si injuste, les médecins et les cordonniers, aux hommes pervers et aux voleurs, c'est un point de droit cambodgien qu'il serait curieux d'approfondir, mais sur lequel, je l'avoue, mes questions sont toujours restées sans réponse.

Pour finir cette courte étude, je me bornerai à citer les quelques articles intéressants relatifs aux garanties réservées aux accusés, au respect dû aux juges, à la dignité que ceux-ci doivent garder, enfin à la réparation des erreurs judiciaires.

Ce sont les articles 31, 36, 37, 38, 39, 43 et 52.

« Art. 31. — Lorsque l'huissier du tribunal voit qu'un juge s'écarte, dans l'instruction d'un procès, des règles de l'équité, il doit l'en avertir et l'exhorter à procéder en toute justice. Si le juge ne l'écoute pas, il doit en prévenir les grands mandarins, afin qu'ils le rappellent à son devoir et l'excitent à suivre les règles de l'équité. Si le juge ne prend pas en considération leurs avertissements, alors l'huissier en référera au roi, qui punira le coupable selon la gravité de sa faute. Si, lorsque l'huissier, voyant un juge s'écarter des lois de la justice, le lui fait remarquer en toute convenance et justement, celui-ci, bien loin de l'écouter, se met en colère contre lui et veut l'opprimer parce qu'il ne le craint pas, il sera puni d'une amende de trois ânching, dix-sept tomlong (218 francs), au profit du trésor du roi et de l'huissier, par égales parties, comme coupable de contravention.

» L'huissier d'un tribunal qui, voyant un juge s'écarter des lois de la justice en jugeant un procès, se tait parce qu'il craint l'autorité de ce juge ou parce qu'il est son complice, se rend coupable de contravention à l'ordre du roi et sera puni d'une

amende tam bonda sac au profit du trésor du roi,
et de quinze coups de rotin. »

« Art. 36. — Tout juge qui, abusant de son autorité, met soit la cangue, soit les entraves aux
pieds, soit la chaîne, soit les anteac (autre sorte
d'entraves), sait le neg nong (bambou suspendu au
cou), à des personnes dont la faute ne mérite pas
cette peine, sera condamné à une amende de trois
ânching, dix-sept tomlong (218 francs) au profit
du trésor du roi, et subira la peine qu'il a infligée
à la victime de sa brutalité. Tout juge qui frappe
du rotin des personnes dont la faute ne mérite pas
cette peine, ou qui fait soit frapper sur la bouche,
soit suspendre par les pieds, soit exposer au soleil,
des personnes qui ne méritent point ce supplice, sera
condamné à trois ânching, dix-sept tomlong,
d'amende, au profit du trésor du roi, et subira la
peine qu'il a infligée à la victime de sa brutalité.

» Tout juge qui tient un langage obscène, de
manière à faire rougir de honte devant l'assemblée
une personne du sexe féminin, qui lui saisit la
main, lui palpe les seins, l'embrasse, l'étreint
entre ses bras, etc., sera condamné à une amende
de trois ânching, dix-sept tomlong (218 francs),
au profit du trésor du roi. Si cette personne est
mariée, en outre de cette amende, on fera l'application de la loi contre les adultères à ce juge indigne. »

« Art. 37. — Le juge qui commet le crime de fornication avec une personne qui a une affaire pendante à son tribunal, s'il le commet du consentement de cette personne ou s'il l'a louée à cet effet, sera condamné à l'amende selon le Lakkhara pra reach ocknha. S'il lui fait violence, cette amende sera double. Si la personne avec laquelle il a commis le crime de fornication est une jeune fille, il sera condamné à payer, en outre de l'amende dont on vient de parler, une seconde amende tam bonda sac au profit de celui dont dépend cette fille et qui en a la surveillance (père, mère, grand-père, grand'mère, oncle, tante, tuteur, etc.), et du trésor royal, par parties égales. Si la personne à laquelle il fait violence a un mari ou un fiancé, ce juge sera puni d'après l'article Lakkhana phodey prapon, concernant tout individu qui viole la femme d'un autre, et sera dégradé, sans pouvoir conserver aucune dignité. Quant à cette femme, si elle a consenti librement ou si elle a reçu de ce juge un salaire pour son action coupable, elle subira la peine des adultères, après avoir reçu dix coups de rotin.

» Ce qui vient d'être dit du juge s'applique à l'huissier et aux secrétaires qui seraient dans le même cas que ce juge. »

« Art. 38. — Un juge, comme toute autre personne qui, voyant deux parties adverses au tri-

bunal s'injurier, se maudire ou se battre, prendra
fait et cause pour l'une d'elles, excitera sa colère
ou l'aidera à injurier, à maudire ou à frapper
l'autre, subira la même peine que la partie reconnue coupable de ces injures, de ces malédictions ou des coups qui ont été donnés. »

« Art. 39. — Lorsqu'un juge interroge un prévenu ou une personne qui a un procès, il doit lui
recommander de répondre exactement et conformément à la vérité. Si un prévenu ou un plaideur
ment impunément ou s'exprime d'une manière
insolente, pour inspirer la terreur; s'il pousse des
cris contre le juge, fait des signes de menace avec
les mains, avec les poings, soit contre le tribunal,
soit contre la partie adverse; s'il grince des dents,
tire la langue, s'il trace des signes en forme de
pied de corbeau, soit sur les cloisons, soit sur le
plancher, soit sur le seuil du tribunal; s'il broie
entre ses dents des feuilles de bétel, de bananier
ou toute autre chose; s'il tient des conversations à
voix basse avec ses associés; s'il leur fait des
signes avec les yeux ou de toute autre manière,
etc., etc., d'après la loi et sur la demande de la
partie adverse ou des accusateurs, le tribunal peut
suspendre l'audience commencée, pour juger préa-
lablement la conduite de celui qui se comporte
ainsi. S'il juge qu'il mérite d'être puni du rotin,
il le fera frapper sans avoir aucun égard, et s'il

juge qu'il doit être attaché, il le fera attacher. Puis il reprendra l'instruction interrompue. »

« Art. 43. — Un huissier ou un secrétaire de tribunal qui, envoyé pour saisir un accusé, ne le trouvant pas, s'emporte soit contre le père ou la mère, soit contre des parents avancés en âge de cet accusé, et leur cause une grande frayeur, ou qui, trouvant l'accusé malade, le saisit sans rien écouter, et malgré l'état où il se trouve, l'entraîne avec violence et lui cause une grande frayeur, sera puni d'une amende tam bonda sac ; tous ceux qui l'ont accompagné et qui se sont rendus complices de sa violence, seront aussi punis de la même amende. Toutes amendes reviennent par moitié à la victime des violences et au trésor du roi. Si, par suite de cette frayeur ou de cette violence, celui qui en a été la victime tombe malade dans l'espace de sept jours et meurt, tous ceux qui ont été cause de sa mort par la conduite qu'ils ont tenue à son égard, seront condamnés à payer sa vie au prix de dix ânching, dix tomlong (588 francs), la moitié de cette somme sera employée à faire de bonnes œuvres pour le défunt et l'autre sera versée au trésor du roi. »

« Art. 52. — Un huissier ou un envoyé du tribunal qui va arrêter une personne autre que celle dont le nom est dans l'acte d'accusation, se rend coupable de vexations envers le peuple ; par conséquent, si le peuple porte plainte contre lui, on lui passera une corde au cou pour le conduire au tribunal, qui le condamnera à une amende tam bonda sac au profit de la personne qu'il a saisie et du trésor, par moitié. Cet huissier ou cet envoyé, en outre de l'amende, paiera un bat pour prix de la corde.

» Si non seulement il a saisi un innocent, dont le nom n'est point celui qui se trouve dans l'acte d'accusation, mais si, de plus, il l'a mis à la chaîne ou à la cangue, ou s'il l'a maltraité d'une manière quelconque, on lui fera subir l'une des huit peines mentionnées dans le Lakkhana pra reach ocknha. »

On voit que le législateur souhaite et impose que la justice ne soit ni aveugle, ni brutale et, par un dernier et suprême conseil, il termine l'exposé des lois par ces paroles très sages :

« Les juges seront punis sans pitié, s'ils ne jugent pas suivant l'équité ou s'ils font traîner en longueur les procès. Au contraire, en se conformant aux lois et à la justice dans leurs jugements, ils se rendront dignes d'honneurs en ce monde et acquerront de grands mérites pour une autre vie. »

Telle était dans ses grandes lignes la loi pénale au Cambodge avant le Protectorat Français qui, bien entendu, a supprimé une partie de la législation indigène. Mais ce serait sortir du cadre de ces observations que de nous égarer dans le

système assez compliqué qui résulte de l'enchevêtrement des textes cambodgiens et français.

Nous avons voulu, à l'aide d'un document précis,
donner un aperçu de cette civilisation cambodgienne que des incidents récents ont mis en
cause. Nos lecteurs auront sans doute l'impression
qu'elle ne mérite, ni d'être qualifiée de barbare par
des Occidentaux ignorants, ni d'être portée aux
nues, comme le voulut faire un prince très naturellement partial.

CHAPITRE IV

Un voyage en Indo-Chine risquerait fort de devenir très banal, si on se bornait à suivre les chemins battus et à visiter les centres importants.

J'étais fort désireux de faire plus ample connaissance avec les Annamites : il ne suffit pas, pour avoir une idée de leurs mœurs, de leur caractère, de leur civilisation, de prendre un boy à Saïgon.

C'est pourtant à quoi se bornent le plus souvent nombre de voyageurs qui jugent toute une population d'après l'impression que leur a donnée le cuisinier ou le valet de chambre annamite dont le hasard les gratifia à leur arrivée en Cochinchine.

Un étranger qui jugerait les Français sur la mine ou l'allure du premier garçon d'hôtel rencontré risquerait fort de se faire une opinion inexacte !

Pour m'éviter des erreurs de telle sorte, je résolus de pénétrer en Annam par la voie la moins fréquentée, de parcourir à cheval la région la moins connue de l'empire de Than-Taï, de vivre pendant quelques semaines au milieu des indigènes, loin des postes français.

Et je me félicite vivement d'avoir réalisé ce projet.

Je rapporte de ce séjour parmi les Annamites une réelle admiration pour ce peuple hospitalier, doux, travailleur, ayant le culte de la science, plein de respect pour l'homme instruit, de mépris pour la force brutale.

En Annam, j'ai souvent entendu citer ce proverbe chinois : « On ne prend pas de bon fer pour fabriquer des clous, on ne prend pas un brave homme pour en faire un militaire. »

Rapprochez de ce dicton, plutôt sévère, mais caractéristique, la touchante coutume suivante : quand l'instituteur d'un village meurt, tous les élèves doivent prendre le deuil, et le meurtre d'un instituteur est puni des mêmes peines que le parricide, et dites-moi si bien des peuples civilisés ne gagneraient point à méditer ces leçons de sagesse et de clairvoyance.

On ne comprendrait guère, en Annam, les polémiques qui peuvent se produire ici à propos de la prédominance du pouvoir civil ; il n'y a pas besoin, là-bas, d'ordres du jour tapageurs pour proclamer la vérité.

Elle est trop profondément ancrée dans les âmes

pour jamais être discutée. Et le plus humble des Annamites voit un abîme entre le plus haut placé des mandarins militaires et le lettré, même de rang inférieur : l'abîme qui, chez nous, peut séparer le gendarme d'un conseiller à la Cour de cassation !

Mais j'en reviens à mon voyage.

Parti à cheval de Saïgon, je suis une bonne route qui conduit à Baria. De là, les chemins sont encore assez praticables jusqu'à Hugen-Moc, poste forestier construit sur un côteau.

Mais, après cela, nous n'avons plus à notre disposition que la route mandarine. Or, la route mandarine fait excellent effet sur une carte : marquée en un large trait rouge sur le papier, elle donne l'impression qu'une immense voie de communication suit toute la côte à peu de distance de la mer et monte sans interruption jusqu'au Tonkin.

Hélas! que ces cartographes ont l'imagination fertile.

En réalité, la route mandarine est un simple tracé qui tantôt consiste en un sentier étroit et ensablé, passant à travers les bois, tantôt se perd dans les dunes, tantôt devient une piste à peine visible le long du rivage.

De loin en loin, dans des villages très pauvres, une paillotte sert de maison commune : c'est là que les voyageurs peuvent passer la nuit, étendus sur une sorte de grande table de bois recouverte d'une natte très mince; c'est là aussi qu'on trouve les coolis de rechange pour porter les bagages.

Ces paillottes s'appellent des « trams » et ont une certaine analogie avec ce que pouvaient être jadis nos relais de poste.

Quand un blanc arrive, le chef de tram frappe aussitôt à coups redoublés sur le tam-tam, sorte d'énorme tambour en forme de tonneau : tous les coolis du village doivent aussitôt arriver et se laisser réquisitionner comme porteurs.

Cette formalité n'était d'ailleurs pas nécessaire en ce qui me concerne. Dans la province où je voyageais, mon passage était annoncé par les soins du gouverneur général.

Des ordres étaient donnés pour que je sois reçu avec empressement.

Aussi, bien avant d'arriver au village, je voyais s'avancer à ma rencontre une troupe nombreuse. Le chef du village venait, suivi des notables, me faire ses « lays ».

C'est une cérémonie qui a le don de m'horripiler, tellement elle me semble humiliante pour celui qui l'accomplit. Le chef du village et tous les notables s'agenouillent et s'inclinent jusqu'à ce que les fronts touchent terre ; puis ils se relèvent, joignent les mains, les tendent vers le ciel, et retombent à genoux, le front dans la poussière.

Ainsi de suite, tant qu'on ne donne pas l'ordre d'arrêter les génuflexions.

Je répugne à laisser faire ces démonstrations de servitudes; les ayant subies une fois, je ne veux plus y consentir.

Ai-je eu raison ? Des hommes expérimentés m'ont affirmé, depuis, que j'avais infiniment plus humilié les pauvres gens en refusant leurs hommages qu'en les laissant s'agenouiller devant moi.

Les lays accomplis, je me remets en marche, précédé de six hommes porteurs de drapeaux triangulaires, rouges ou bleus, avec bordure blanche, suivi d'un gaillard qui frappe à coups redoublés sur un tam-tam sonore : les notables, des femmes, des enfants complétaient le cortège, et c'est en cet équipage que je fais une entrée sensationnelle dans chacun des villages que je traverse.

Dans quelques-uns, la réception est particulièrement brillante.

A Phan-Ry, par exemple, le Quan-an (sorte de préfet) me fait un accueil enthousiaste.

Le Quan-an est un fonctionnaire fort intelligent, à l'œil vif, aux manières aisées, qui vint à Paris en 1889, et me fait demander par mon interprète si « la grande maison de fer » existe toujours.

Je donne à ce brave homme des nouvelles si satisfaisantes de la Tour Eiffel qu'il n'hésite pas à me combler des plus grands honneurs.

5.

Il décide de me conduire en grande pompe à la
vieille pagode où je devrai passer la nuit: et un
cortège des plus bizarres s'organise.

En tête marchent trois Annamites porteurs
d'oriflammes ; puis vient un guerrier qui tient en
main un immense sabre, avec une poignée d'argent
fort élégamment ciselée. Je viens, ensuite, à
cheval, flanqué à droite et à gauche de deux serviteurs, qui portent d'immenses parasols noirs
doublés de soie rouge.

Derrière moi, en palanquin, le Quan-an s'avance,
vêtu de somptueux vêtements de soie verte, et le
cortège se termine par une longue file de cour-
tisans, empressés et obséquieux.

En entrant ainsi dans la bonne ville de Phan-ry,
je songeais à l'ébahissement de mes confrères
parisiens s'il leur avait été donné de voir mes
convictions démocratiques mises à si rude épreuve.
Je vous jure, pourtant, que je ne fus pas autrement grisé par l'éclat de cette triomphante ballade.

Bien plutôt avais-je hâte de me débarrasser de
mon hôte trop courtois, pour aller prendre, dans
ma vieille pagode, sous l'œil paterne d'un bouddha
ventru, un repos bien gagné.

Il y aurait vraiment un peu de monotonie à
obliger le lecteur à me suivre tout le long de la
fastidieuse et interminable route mandarine.

Les distractions y sont rares, car on ne peut

vraiment compter comme telles les émotions continuelles que procure la présence des tigres, dont on voit partout la trace, dont on entend chaque nuit les lugubres appels.

Cette partie de l'Annam, entre Phan-Thiet et Nha-Trang, est en effet la région la plus tigreuse (c'est l'expression consacrée) de l'Indo-Chine, et j'avoue volontiers que lorsque le soir venait et que les nécessités des étapes m'obligeaient à partir avant le lever du soleil, j'étais loin d'être rassuré.

On m'avait bien dit que le tigre a des préférences pour l'Annamite, et qu'il tient l'Européen en piètre estime au point de vue comestible.

Soit, mais il doit y avoir, me disais-je, dans la gent féline, comme dans l'espèce humaine, des gourmets et des gloutons. Si un gourmet se trouve sur ma route, j'aurai la chance de me voir préférer mon boy ou mes porteurs. Si, au contraire, c'est un glouton que je rencontre, ma situation devient critique, et je n'aurai pas même la satisfaction d'amour-propre d'être dévoré par un fauve au goût délicat. Quel lamentable tombeau que l'estomac d'un goinfre !

Et sur ces mélancoliques réflexions, je redoublais de prudence, n'avançant que précédé et suivi de porteurs de torches et de coolis faisant grand tapage.

Qu'on ne se moque point de pareilles précautions! Pour les avoir négligées, le pauvre Montagne, fils de notre confrère, fut enlevé par deux tigres sur cette même route. Le malheureux jeune homme avait eu l'imprudence de s'aventurer à cheval, la nuit venue, suivi d'un interprète également monté. Brusquement, il fut saisi à la cuisse par un des tigres, tandis que l'autre lui labourait de coups de griffes le visage et les épaules. L'interprète, fou de terreur, s'enfuit au triple galop, et, le lendemain, on ne retrouva plus de Montagne que des restes méconnaissables.

Le tigre est en Annam un véritable fléau, le plus redoutable de tous : on n'en finirait pas de raconter ses méfaits, tant ils sont nombreux.

L'audace du terrible fauve est incroyable : l'an dernier, une troupe de cinquante tirailleurs était en marche vers six heures du soir ; soudain, un tigre bondit de la brousse sur le sentier et saisit l'homme qui marche en tête. Une décharge de coups de revolver fait lâcher prise à la bête qui disparaît rapidement dans les taillis. Dix minutes après, le tigre surgit de nouveau, mais cette fois tombe sur le milicien qui ferme la marche et l'emporte avant que les autres Annamites, glacés d'effroi, aient eu le temps de le mettre en joue.

Le lendemain du jour où j'avais passé au poste de Nara, avant d'arriver à Pho-Rang, le chef du tram fut enlevé la nuit par un tigre qui, après avoir franchi une haute palissade, s'était introduit jusque sous le toit de la paillotte.

Sur la plantation de M. Lombard, aux environs de Tourane, huit Annamites furent enlevés pendant les mois de février et de mars, et cela en plein jour.

Il y a de quoi se méfier, vous le reconnaîtrez maintenant !

Quoi qu'il en soit, chevauchant ainsi sans encombre, j'arrivai certain soir au village de Pho-Rang, un centre d'une certaine importance, entouré de régions déjà en bons rapports, et qui se développera davantage encore lorsque sera achevée la mise en culture de l'immense concession du baron Pérignon.

Cette concession a une étendue de quinze mille hectares, dans une magnifique plaine délimitée de tous côtés par des collines boisées.

Le premier souci du colon qui s'installe doit être de faire les indispensables travaux d'irrigation, et M. Pérignon s'occupe en ce moment de faire creuser à travers tous ses terrains, un immense canal où viendront se brancher toutes les prises d'eau. C'est une formidable entreprise qui coûtera plusieurs centaines de mille francs, mais dont le résultat n'est pas douteux.

Seulement, cela prouve — et la constatation est bonne à faire en passant — que ce serait folie de venir coloniser sans gros capitaux. Le malheureux qui arriverait en Annam, riche seulement de bonne volonté et d'espérance, tomberait infailliblement dans une sombre misère. Pour réussir, il est indispensable de faire d'abord des dépenses considérables, et ensuite de pouvoir attendre, pendant plusieurs années, le résultat des efforts accomplis.

Après Pho-Rang, la première agglomération qui mérite d'être mentionnée est Nha-Trang.

J'arrivais à Nha-Trang un peu découragé par la monotonie d'une route que je suivais à cheval depuis Saïgon : tout de suite je fus séduit par le charme du paysage, l'hospitalité des habitants. Nha-Trang est une délicieuse petite station maritime où la température est exquise, les ardeurs du soleil y étant tempérées par une brise de mer toujours fraîche. Rien de gracieux et de coquet comme ce petit pays sain et gai qui deviendra certainement une des villégiatures les plus appréciées de l'Extrême-Orient.

La plage, très belle, est abritée par de nombreuses petites îles rocheuses dont les arêtes vives se dessinent élégamment sur le ciel bleu. Du côté opposé à la mer, la chaîne annamatique forme une immense crique qui domine et enveloppe le village indigène et les constructions européennes.

Une rivière qui descend entre des rives verdoyantes forme, avant de se jeter dans la baie, un vaste estuaire semé de rochers imposants et baigne les pieds d'un haut monticule sur lequel se dressent des ruines khmers sobres et grandioses.

L'habitation du résident est une belle construction bâtie devant la plage, avec une superbe terrasse où j'ai passé des heures exquises, dans la contemplation de la mer et des montagnes.

Je ne sais si le charme du pays a eu une influence sur le caractère des gens qu'on y rencontre, ou si un heureux hasard a réuni là les plus aimables fonctionnaires de l'Indo-Chine. Toujours est-il qu'on y reçoit l'accueil le plus cordial et le plus hospitalier qu'il se puisse imaginer. A peine arrivé, je suis déjà traité en ami par M. Rousseau, le résident, et par Mme Rousseau, sa mère, une vieille dame souriante et spirituelle, indulgente et bonne, pour laquelle je ne saurais assez dire toute ma gratitude.

Chaque soir, à la résidence, se réunissaient les amis de M. Rousseau : le docteur Yersin est parmi les plus intimes, et j'eus la bonne fortune de l'y rencontrer le jour même de mon arrivée.

Il voulut bien me convier à déjeuner le lendemain en me promettant de me faire visiter en détail ses laboratoires et toute son installation.

On pense si je fus fidèle au rendez-vous.

Le docteur Yersin est un homme jeune encore,

trente-cinq ou quarante ans, taille moyenne ; les yeux très doux, avec une nuance de malice, éclairent un visage un peu amaigri et pâli par le séjour colonial : il parle lentement et sans éclats de voix. C'est le type achevé du savant modeste, toujours le premier à signaler, à côté des certitudes tout ce qui lui semble encore appartenir au domaine des hypothèses. On peut accueillir sans la moindre arrière-pensée tout ce qu'il affirme, tant il met de prudence dans ses affirmations. Rarement j'eus l'occasion de rencontrer homme plus sympathique et vers qui je me sentis davantage attiré.

Dirigé par lui, l'institut est admirablement installé. Au centre, un grand bâtiment entouré de vastes vérandas sert de maison d'habitation ; à gauche, une tourelle abrite une machine à vapeur qui produit l'électricité et met en mouvement une machine à glace ; à droite et perpendiculairement au pavillon central, les laboratoires s'allongent jusqu'au bord de la mer (1).

Dans la cour, de grandes cages sont destinées aux singes d'expériences, aux chiens, aux cobayes ; des multitudes de souris sont aussi enfermées dans des compartiments grillés.

---

(1) Depuis mon voyage, le docteur Yersin a modifié ses aménagements et transporté son laboratoire dans un autre quartier de Nha-Trang.

Pénétrons au laboratoire : une première pièce est remplie des animaux en observation qui, chaque jour, reçoivent des injections de sérum ; la grande salle qui suit renferme tous les instruments de précision les plus perfectionnés ; enfin, dans une troisième pièce sont placés les tubes de verre qui contiennent le terrible bacille de la peste humaine.

Le docteur Yersin a en même temps dirigé ses études sur la peste bovine et la peste humaine.

En ce qui concerne la première, il a trouvé un sérum qui donne déjà des résultats appréciables ; chaque jour, le docteur et son dévoué collaborateur, M. Carré, vaccinent un grand nombre de bœufs et constatent des succès de plus en plus nombreux. Mais le bacille de la peste bovine n'est pas encore découvert. Par contre, le microbe de la peste humaine, depuis plusieurs années déjà, a été trouvé par le docteur Yersin ; et dans les tubes dont je parlais plus haut, il y a, par millimètre de culture microbienne, des milliards de ces redoutables petits bâtonnets qui sont les bacilles de la peste.

Ce n'est pas sans une certaine émotion que je vois le docteur plonger une pointe de verre dans un des tubes et cueillir une colonie de bacilles, qu'il fixe sur la plaque du microscope après l'avoir colorée et chauffée. Une distraction, une imprudence, une mouche qui frôlerait la plaque avant que les bacilles soient rendus inoffensifs, et l'affreuse maladie serait déchaînée. Mais le docteur Yersin est la prudence même, et l'on peut suivre sans appréhension ses passionnantes études. Cela n'empêche naturellement pas les indigènes d'éprouver pour le savant une méfiance qui va souvent jusqu'à l'hostilité : on l'accuse d'être l'introducteur du fléau qu'il combat, et la difficulté est grande pour obtenir des propriétaires de bœufs qu'ils lui amènent les animaux malades.

C'est fort excusable de la part des Annamites ignorants : le plus triste, c'est que beaucoup de nos compatriotes partagent ces préventions et font au docteur une guerre acharnée.

Yersin est bien certainement, à l'heure actuelle, la personnalité la plus discutée de l'Indo-Chine, et des polémiques passionnées se produisent à son sujet.

C'est qu'en effet il fut l'inspirateur de M. Doumer à propos d'un sanatorium sur le plateau de Lam-Biang, situé non loin de Nha-Trang.

Au cours d'une expédition dans la chaîne annamatique, Yersin fut frappé par la situation climatérique du plateau ; l'air y est sain et vif, le thermomètre y enregistre des températures suffisamment basses pour constituer un véritable hiver : cette année on a constaté 4 degrés au-dessous de zéro et la neige y tombe fréquemment ; la neige, inconnue de la plupart des indigènes, et que les miliciens, en la voyant pour la première fois, désignèrent par cette pittoresque expression : « de l'eau même chose quinine » !

Sur le Lam-Biang, on rencontre des essences de bois européennes ; les violettes et les roses y viennent facilement, les légumes de toutes natures y poussent ; les arbres fruitiers y peuvent être cultivés.

Là, les colons et les fonctionnaires, anémiés par la terrible chaleur de la Cochinchine, retrouveraient des forces et se guériraient même un peu de la nostalgie du pays, en se promenant parmi vergers et jardins qui rappelleraient la France. Telles sont du moins les affirmations du docteur Yersin.

Là-dessus s'engagent des discussions interminables et passionnées ; en Indo-Chine il faut être pour ou contre le Lam-Biang, pour ou contre le docteur Yersin et les adversaires ne se ménagent point les invectives.

« Le docteur Yersin est un fumiste ou un gobeur », disent les uns. — « C'est un grand savant et un honnête homme », répondent les autres.

« Vous êtes un naïf », dit l'un. — « Vous êtes un ignorant », réplique l'autre.

« Le Lam-Biang ! on y meurt en quinze jours », proclament certains.

« C'est le paradis terrestre », font les autres.

Seul, au milieu de ces polémiques, Yersin conserve son calme et son fin sourire.

Il est d'ailleurs parfaitement tranquille : M. Doumer a en lui la plus absolue confiance, et déjà sont commencés les travaux préparatoires de la ligne de chemin de fer qui doit relier Saïgon au plateau du Lam-Biang. Dès lors, il peut laisser dire, résolu à ne point se laisser détourner de son but.

Ayant doté l'humanité tout entière d'une géniale découverte comme celle du bacille de la peste, ayant trouvé pour notre colonie, le sanatorium rêvé, il a suffisamment de gloire pour dédaigner les attaques des envieux et des sots.

CHAPITRE V

EN ANNAM (SUITE)

Pour se rendre à Hué, il faut débarquer au port de Tourane ; de là, deux moyens s'offrent au voyageur ; la traversée du col des Nuages ou le passage à bord d'une chaloupe chinoise qui remonte la rivière jusqu'à la capitale de l'Annam.

Je me décidai pour le premier itinéraire avec d'autant plus d'empressement que ma bonne fortune me donna pour compagnons de voyage deux aimables confrères chargés de missions : MM. Lagrillère-Beauclerc et Donnet.

Tous trois, nous partîmes donc, un matin, en chaises à porteurs.

C'était la première fois que j'usais de ce moyen de locomotion fort agréable d'ailleurs, n'était la gêne qu'on éprouve à se sentir si lourdement peser sur les épaules des porteurs.

Ceux-ci, heureusement, se relaient tous les dix à douze kilomètres et, encore, nous faisions, pour les soulager, une grande partie de la route à pied.

Les coolis marchent très vite en imprimant à la chaise un léger mouvement de va-et-vient auquel on s'habitue bientôt et qui n'est pas pénible. Mais souvent on éprouve le besoin de mettre pied à terre pour soulager les pauvres Annamites, qui sont petits et malingres et semblent plier sous notre poids.

Un voyageur qui parlait la langue du pays sans que les porteurs le sachent me racontait que les coolis se vengent par des plaisanteries irrespectueuses mais inoffensives des corvées que les Européens leur imposent. Lorsque deux chaises à porteurs se rencontrent, les coolis échangent avec de grands éclats de rire des propos badins comme celui-ci :

— Qu'est-ce que vous portez là ?

— Un porc pour le marché.

— Il paraît bien lourd !

— Oui, mais nous le vendrons très cher.

Et ainsi de suite, tandis que le voyageur inexpérimenté se réjouit de la bonne humeur dont témoignent ses coolis !

Après six heures de marche environ, on atteint le col des Nuages par un superbe chemin en lacets qui domine toute la baie de Tourane et offre de merveilleux points de vue. Au col, le coup d'œil est magique, sur l'infini de la mer et les élégantes découpures des hautes collines environnantes.

La descente sur l'autre versant est aussi belle que le fut la montée, et c'est dans un perpétuel enchantement que, vers dix heures du soir, nous arrivons au village de Tan-Haï. Nous sommes en route depuis 5 heures du matin, et nous avons fait 75 kilomètres.

A Than-Haï, nous quittons nos chaises pour prendre place dans un sampan où nous nous endormons bien vite : le lendemain matin, nous débarquons à Hué.

Dès mon arrivée, je fis les démarches nécessaires pour obtenir une audience de l'empereur Than-Thaï; non certes par sympathie pour ce jeune souverain, qui se livre, à l'intérieur du palais, à de cruelles fantaisies, martyrise ses femmes, et deviendrait abominablement féroce si le résident supérieur n'y mettait bon ordre par de sévères admonestations.

Mais j'avais vu Norodon, et j'aurais manqué à tous mes devoirs professionnels en n'allant pas faire visite à son jeune confrère.

Grâce à l'obligeance de M. Duranton, le résident-maire de Hué, l'audience fut aussitôt accordée : restait à régler la question d'étiquette.

Norodon, qui n'a d'autre souci que l'opium et

l'alcool, est absolument dédaigneux du protocole : on va le voir sans façon en costume blanc.

Than-Thaï, au contraire, se montrerait très froissé d'une tenue négligée.

Or, ignorant ce détail, j'avais laissé à Tourane, mon habit noir et mes chemises empesées !

Heureusement, le propriétaire de l'hôtel me tira d'embarras en me prêtant son habit. Un autre colon m'offrit une chemise ; un troisième mit à ma disposition des souliers vernis.

On pense qu'avec des ornements de provenance si diverse je manquais inévitablement d'élégance parisienne : pantalon trop court, gilet suffocant, habit trop étroit, chemise bouffante, je devais évoquer le souvenir de quelque chienlit aux jours de carnaval. Mais le protocole était sauvegardé. N'est-ce point l'important ?

C'est en cette tenue bizarre que je franchis, aux côtés de M. Duranton, les portes du palais.

La garde du roi faisait la haie sur notre passage, et je sentis aussitôt moins d'humiliation de la coupe étrange de mon costume : elle valait encore mieux que les défroques fripées et loqueteuses des pages de S. M. Annamite.

Quoi qu'il en soit, le coup d'œil n'était point banal, et je me régalai du spectacle de ce palais oriental dont les portes s'ouvraient silencieusement sous la poussée des gardes habillés de rouge.

Nous traversons successivement trois salles, et notre suite se grossit d'une vingtaine des mandarins. Enfin, nous arrivons dans un couloir : au-devant de nous, la main tendue, s'avance un petit jeune homme, simplement vêtu d'une tunique de soie mauve et d'un pantalon blanc : c'est l'empereur.

Les présentations faites, Than-Thaï nous conduit à une salle très vaste, et nous prenons place autour d'une table qu'il préside, assis sur un fauteuil doré.

Le champagne coule à flots, et nous causons, à l'aide des interprètes, car Than-Thaï comprend le français mais ne veut point le parler.

Conversation parfaitement banale, d'ailleurs ; compliments, informations réciproques sur nos santés respectives, etc.

A ma question : « L'empereur viendra-t-il à l'Exposition ? » le visage de Than-Thaï, jusqu'alors impassible, s'éclaire soudain.

« Certainement oui, me fait-il répondre. Le résident supérieur me l'a promis, et je me réjouis d'aller à Paris et dans les grandes villes de France (1). »

J'affirme à Than-Thaï qu'il sera courtoisement reçu par les Parisiens : cela ne m'engage à rien et

(1) L'empereur d'Annam s'étant, au commencement de 1900, livré à une équipée inopportune, le gouverneur général n'a point jugé utile de lui permettre le voyage de France.

paraît lui être agréable. Puis je prends congé sans plus attendre.

De nouvelles poignées de main sont échangées et j'allais quitter la salle d'audience quand Than-Thaï me rappelle.

« Vous avez sans doute un appareil photographique ? » fit-il.

J'en avais un, et comme la question me paraissait très claire, je proposai aussitôt à Sa Majesté de la portraicturer.

Et sur les marches d'une cour intérieure, debout, les bras croisés et les yeux au ciel, Than-Thaï se livra complaisamment, par trois fois, à mon objectif.

En sortant, j'eus l'explication du désir si évidemment manifesté par le jeune souverain. On lui avait montré, quelques jours auparavant, sur un journal illustré, le respectable profil du nouveau Président de la République et Than-Thaï grillait d'envie, paraît-il, d'obtenir à bref délai une égale publicité.

Voilà qui est fait !

Hué est fort agréablement situé dans une région à la végétation luxuriante ; un grand charme de tranquillité et de fraîcheur se dégage de toute cette partie de l'Annam qui abonde en pittoresques promenades.

La plus curieuse est assurément celle des Tombeaux. On sait que, de leur vivant, tous les empereurs d'Annam prennent souci d'édifier eux-mêmes le tombeau qui abritera leur dernier sommeil.

Ils choisissent pour cela un site enchanteur, un mamelon ombragé de pins majestueux, baigné par les eaux dormantes d'un petit lac.

Loin de tout bruit, dans le calme profond de cette retraite, où les oiseaux eux-mêmes n'osent pas gazouiller, ils font élever un haut mur circulaire qui entoure le mamelon. Lorsqu'ils meurent, le corps est porté à l'intérieur de l'enceinte, et, sauf un membre de la famille impériale, nul ne connaît la place où est enfouie l'auguste dépouille.

En face de la porte qui doit livrer passage à son propre cercueil, l'empereur fait élever une maison de campagne, une vaste salle d'études où l'on peut lire sur d'immenses inscriptions, des sentences philosophiques et morales :

« Il n'est pas facile de faire un bon roi », dit l'une d'elles.

Et la difficulté fut sans doute jugée trop grande par les souverains d'Annam qui n'essayèrent jamais de la surmonter.

Enfin, une ou plusieurs pagodes complètent l'ensemble du tombeau ; aux pieds de Bouddha viennent alors s'accumuler des richesses de toutes natures : jades admirablement travaillées, meubles sculptés, riches émaux, bibelots d'or et de bronze, coupes ciselées et vases de porcelaine.

Chaque tombeau a un cachet spécial ; mais tous sont la preuve d'un goût délicat dans le choix des sites, et nous obligent à ne pas traiter en sauvages les hommes capables de si poétiques préoccupations.

Constatation qui s'impose encore plus vivement après une visite au « Quoc-hoc », le collège nouvellement fondé à Hué, et où les jeunes lettrés annamites viennent apprendre le français sous l'habile direction de M. Nordemann, un ancien instituteur qui parle la langue annamite avec une incomparable facilité.

Il y a, au Quoc-hoc, des lettrés de tous les grades ; le plus haut grade est celui de « Tan-si ».

Ces Tan-si sont de véritables savants ; mais, hélas ! leur science consiste presque exclusivement dans la connaissance des caractères et des livres sacrés.

Or, il y a environ 31.300 caractères en écriture chinoise ; 11.000 sont usités, et les Tan-si doivent les retenir presque tous. Ils doivent de plus connaître à fond les textes de Confucius et ne rien ignorer des formules compliquées des proclamations royales ou des adresses au souverain.

Quel dommage de voir ainsi de belles intelligences et des cerveaux laborieux uniquement bourrés de textes anciens !

Les années d'études se passent à apprendre les caractères; il n'y a plus place pour d'autres enseignements.

C'est là qu'il faut, sans aucun doute, trouver la cause de l'arrêt complet dans la civilisation d'un peuple qui, sans l'écriture idéographique, nous aurait sans doute devancés dans la voie du progrès.

Mais tous ces lettrés sont figés, sont hypnotisés vers le passé.

Le Quoc-hoc a précisément pour but de les initier aux sciences modernes, de les familiariser avec notre langue, et de nous préparer ainsi des administrateurs indigènes précieux, sur lesquels nous pourrons compter.

D'ailleurs, j'éprouve une grande joie à proclamer bien haut, et à faire partager, si possible, mon admiration pour les hommes de haute intelligence et au cœur bien placé qui se sont tracé en Annam, dans l'administration du protectorat, une ligne politique des plus habiles, qui remplissent leur mission avec infiniment de tact, de justice et d'humanité.

J'ai déjà eu l'occasion de dire, avec une franchise absolue et une indépendance complète, ce qui me paraissait critiquable, ce qui me semblait révoltant dans certains procédés administratifs, trop en honneur au Cambodge notamment; et quand je constate les effets produits par la douceur, qui n'exclut point la fermeté, par le respect des indigènes, qui se concilie si bien avec l'autorité, je m'indigne davantage encore des systèmes d'oppressions, aussi maladroits qu'odieux.

M. Boulloche est le résident supérieur de l'Annam. J'ai causé longuement avec lui, mais je n'avais pas besoin de cette conversation, si intéressante fût-elle, pour apprécier comme elles le méritent sa politique et son administration. Aux résultats il était facile de juger l'homme.

Et ces résultats sont, je l'ai déjà dit, tout à fait merveilleux.

L'Annam est, d'un bout à l'autre, dans le calme le plus parfait. On peut impunément s'y promener, sans défense, sans escorte, avec la certitude d'être partout accueilli avec déférence ; les impôts rentrent avec régularité, sans soulever de mécontentements, et tout le mécanisme administratif, financier, judiciaire, fonctionne avec un nombre très restreint de fonctionnaires. Quant à la population, elle est si paisible que, dans une province de 500.000 habitants, celle du Tanane, par exemple, il y a, pour toute occupation militaire, une compagnie de cent miliciens, dont le rôle consiste seulement à constituer pour les hauts fonctionnaires une sorte de garde d'honneur.

Comment en peut-il être ainsi ?

C'est qu'on a l'intelligence de s'appuyer, vis-à-vis de cette population, sur ceux qu'elle respecte, et auxquels elle obéit, sur l'empereur et sur les mandarins.

Certes, ceux-ci comme ceux-là n'ont qu'une autorité apparente; le résident supérieur sait imposer sa volonté; mais au lieu de la faire prévaloir brutalement, au lieu de l'exercer directement sur le peuple, ce qui nécessiterait une augmentation du nombre des fonctionnaires, et peut-être une véritable occupation militaire, il sait adroitement gouverner par l'intermédiaire de la cour et des ministres.

Than-Thaï et ses ministres sont assez intelligents et assez fins pour ne pas se tromper sur leur propre puissance; ils comprennent très bien les motifs de la politique suivie à leur endroit. Mais, comme tous les Orientaux, ils sont particulièrement sensibles aux égards qu'on ne leur ménage pas, et trouvent dans la satisfaction de leur vanité des compensations au joug qu'ils sentent peser sur eux.

Cela ne vaut-il pas mieux que ces déplorables expéditions militaires qui ont laissé le Tonkin encore insuffisamment pacifié.

De retour à Tourane, j'employai quelques heures à la visite de la plantation de thé récemment installée par un intelligent colon, M. Lombard.

Depuis quatre ans qu'elle est commencée, cette

plantation est maintenant en pleine prospérité. Elle compte déjà plus de deux millions de pieds, dans d'anciens jardins achetés aux indigènes, et environ 300.000 pieds nouvellement plantés, sans compter 25.000 caféiers.

Le thé est traité dans une usine, au centre même de la plantation, où j'ai assisté avec un vif intérêt aux diverses opérations de la « cueillette », de la « dessication », du « roulage », de la « fermentation », du « triage » et de l'« emboîtage ».

C'est là une tentative heureuse et qui, couronnée de succès, peut avoir l'influence la plus efficace sur l'avenir de notre colonie. On est toujours tenté de croire que l'Indo-Chine est vouée uniquement à la culture du riz : la plantation de Tourane est la preuve que le thé, le café, le cacao, peuvent être introduits en Annam, et qu'il serait facile à la France de devenir, de ce chef, de moins en moins tributaire des colonies étrangères.

Il me faut, avant d'en finir avec l'Annam, signaler un effroyable fléau, qui réapparaît trop souvent et contre lequel on ne saurait hésiter à prendre des mesures rapides : je veux parler de la famine.

Il y a deux ans, près de 30.000 Annamites — vous entendez bien : *trente mille !* — périrent sur les routes dans l'horrible et lente agonie de la faim ! Et, l'année suivante, deux mauvaises récoltes causèrent encore d'effroyables ravages dans la malheureuse population.

L'administration fait de louables efforts pour remédier à cette navrante situation ; ce n'est pas assez, et elle ne suffit pas à la tâche.

Il faut en arriver le plus tôt possible à la création de greniers d'abondance, de magasins de riz, qui s'empliraient aux bonnes récoltes pour parer aux années de disette.

Ce serait un crime de ne pas consacrer les premières ressources budgétaires à prévenir le retour de ces épouvantables famines. Peut-on songer sans terreur et sans indignation qu'à la fin de notre siècle des milliers de cadavres humains atrocement décharnés peuvent encore joncher les routes des pays où pénètre la civilisation !

Mais il y a bien longtemps déjà que je retiens sur l'Annam l'attention du lecteur ; il est temps que je le conduise, s'il veut bien me suivre, dans une autre partie de notre colonie : le Tonkin.

CHAPITRE VI

Les paquebots qui font escale à Tourane débarquent, deux jours après, les passagers à Haïphong, un port bien défectueux, précédé de bancs de sable où les navires ne pénètrent qu'après avoir dix fois risqué d'échouer.

Toutefois, on est émerveillé par l'aspect élégant et gai de cette petite ville, qui n'existait pas il y a quinze ans. A peine alors y avait-il quelques mauvaises paillottes parmi les marais malsains et les vases nauséabondes. Maintenant, les marais sont comblés et remplacés par de larges rues, admirablement entretenues, bordées de maisons luxueuses et de magasins somptueux.

A Haïphong, j'eus la bonne fortune d'être accueilli le plus aimablement du monde par le résident-maire, M. Richard, un ancien confrère, grâce à qui je pus faire, dans la chaloupe à vapeur du protectorat, une ravissante excursion dans la baie d'Halong.

Le premier jour, je visite les charbonnages de Hong-Gaï, qui sont en pleine prospérité : plus de trois mille coolis travaillent aux mines à découvert. C'est un spectacle des plus curieux que celui de cette foule de petits hommes, tous coiffés du large chapeau de paille pointu, qui s'agitent sur la mine, exploitée par vastes gradins.

A chaque instant, des trains lourdement chargés conduisent le charbon de la mine au quai d'embarquement ou à l'usine à agglomérer.

La Société minière, sous l'habile direction de M. Delpon, suffit largement à approvisionner les usines du Tonkin, la Compagnie des messageries fluviales, et peut encore exporter.

Malheureusement, pour la fabrication des briquettes, le charbon n'est pas assez gras : on est obligé de le mélanger avec des charbons du Japon, si bien que, là encore, nous sommes tributaires de l'étranger. Espérons qu'on découvrira un jour, dans nos possessions d'Extrême-Orient, des gisements de charbon gras; il serait tout à fait urgent de faire des recherches dans ce sens.

Le lendemain, dès la première heure du jour, la chaloupe quitte Hong-Gaï et s'enfonce dans la baie d'Halong, qui est certainement une des merveilles de l'univers. Et je ne sais comment dire le charme infini de ces îlots, semés par milliers, parmi les eaux tranquilles, de ces cirques de rochers où on pénètre par d'étroites ouvertures, sous des voûtes naturelles, où seule une petite embarcation peut passer ; de ces grottes majestueuses où les stalactites et les stalagmites s'élancent en de sveltes et hardies découpures.

Une brume épaisse nous enveloppe ; mais je ne regrette point le soleil : il me semble que cette teinte grisâtre et opaque convient mieux à la mélancolie des sites, et que les masses sombres des rochers ont plus sauvage allure, nimbés qu'ils sont de nuages blanchâtres.

En rentrant à Haïphong, je trouve les hôtels encombrés de nouveaux fonctionnaires qui sont arrivés par le dernier paquebot et qui attendent avec impatience la désignation de leur poste.

Un d'entre eux, qui est marié, reçoit à table l'avis de se rendre au Laos, et la conversation tombe, tout naturellement, sur cette région peu recherchée d'ailleurs.

— Madame, dit un des convives à la femme du fonctionnaire, vous allez voir un pays bien sauvage, et il ne faudra pas vous scandaliser ; les indigènes du Laos font fort peu de frais de toilette ; ils ont même l'habitude d'aller le plus souvent complètement nus !

A ces mots, la dame rougit, paraît indignée, regarde son mari avec colère, et s'écrie, d'un ton courroucé :

— Mais que fait donc la police ?

Admirable réflexion, en vérité, et qui laisse bien loin derrière elle les plus fameuses susceptibilités de la pudique Albion.

S'il se crée jamais une ligue — encore une ! — pour l'exportation de la feuille de vigne au Laos, la présidente d'honneur est toute trouvée !

L'ignorance de certains Français au sujet des choses coloniales indigne fort ceux de nos compatriotes qui habitent le Tonkin.

« Croiriez-vous, me disait l'un d'eux, que nous recevons parfois des lettres absurdes, dans lesquelles on nous demande si nous couchons sous des paillottes, et si nous trouvons du pain à manger ! »

Il importe, ne serait-ce que pour être agréable aux colons français du Tonkin, de rassurer ces trop naïfs correspondants sur les conditions de l'existence dans notre colonie.

Hanoï est une superbe ville, qui séduit bien vite le voyageur, et par la magnificence des nouvelles constructions, et par le cachet original qu'ont su y garder les quartiers indigènes.

Le seul parcours, entre l'atterrissage des bateaux et l'hôtel, constitue une promenade curieuse.

On traverse d'abord ces rues annamites, si animées de toutes les petites industries du pays ; tous les genres de commerce sont groupés par catégories : on ne se lasse pas du spectacle pittoresque qu'offrent toutes ces rues aux appellations significatives : la rue du Sucre, la rue des Paniers, des Éventails, du Coton, des Chapeaux, des Porcelaines, du Cuivre, des Cercueils, des Bambous, des Vêtements, de la Soie, etc., etc.

Puis, au trot alerte des djinrickshas, on arrive soudain sur les bords d'un petit lac exquis, qui apporte, au centre même de la ville, la fraîcheur de ses eaux calmes et l'ombrage de ses rives verdoyantes.

Nous pénétrons alors dans le quartier européen, à travers de magnifiques avenues et de larges artères, où se sont élevés, avec une remarquable rapidité, des palais, des maisons de commerce, d'habitation, et tous les monuments où s'abritent les services publics.

Le soir venu, à l'heure où va se coucher le soleil, c'est par foule que les cavaliers et les équipages se dirigent vers d'agréables promenades : le Jardin botanique, le Grand lac, et la pagode où s'élève une statue majestueuse de Bouddha.

A Hanoï, la température est infiniment plus clémente qu'à Saïgon. Alors que, dans cette dernière ville, la chaleur est, toute l'année, accablante, que les nuits même n'apportent aucune fraîcheur, la capitale du Tonkin jouit, au contraire, d'un véritable hiver. Il y a du feu dans les cheminées ; c'en est fini des costumes blancs, et c'est avec un vrai plaisir qu'on endosse des vêtements de drap.

Après quelques jours passés à Hanoï, je pris, certain soir, un bateau fluvial pour aller visiter une des plus jolies villes du Tonkin : Nam-Dinh.

Nam-Dinh est le chef-lieu d'une des provinces les plus fertiles ; c'est une belle ville annamite de trente à trente-cinq mille habitants. Les rues en sont d'une extraordinaire propreté, bordées de boutiques bien tenues. Le commerce y est actif : c'est là que se fabriquent les broderies les plus estimées et les incrustations les plus riches.

Le résident, M. Auvergne, me fit les honneurs de Nam-Dinh avec une bonne grâce parfaite et, grâce à lui, je pus, en quelques heures, me rendre compte de la prospérité et de l'état de pacification de la province.

Je visitai surtout avec le plus vif intérêt l'école où trois cents jeunes Annamites apprennent le français avec une rapidité surprenante. Il n'y a pas une seule place de disponible, et de nombreux enfants attendent qu'il leur soit possible d'entrer. Cet empressement des familles à envoyer les enfants suivre les cours de français est très rassurant pour l'avenir; on ne saurait trop, à mon avis, chercher à développer, de cette manière, notre influence sur les indigènes.

A Nam-Dinh, j'eus aussi la satisfaction de retrouver l'esprit politique dont j'avais si fort apprécié les effets en Annam. M. Auvergne entretient, avec le Ton-Dock (sorte de préfet indigène), d'excellentes relations ; il le traite avec déférence, et le fonctionnaire annamite, très reconnaissant de ces procédés, facilite la besogne du résident, au lieu de lui susciter des ennuis.

Il est stupéfiant, en vérité, de voir qu'une politique si simple et si manifestemant efficace n'est pas partout observée. Il s'en faut, hélas! et les fonctionnaires ne manquent pas, qui, malgré les instructions venues d'en haut, se comportent, dans leur province, comme de véritables bêtes fauves.

Il ne me convient pas d'abuser ici des confidences faites pour citer des noms propres. Mais ce que j'ai le devoir de dire, c'est que, l'an dernier encore, une province fut littéralement mise à feu et à sang par un résident affolé qui, pour quelques troubles sans importance, ordonna des répressions féroces. Aidé dans sa besogne par un garde principal qui se délectait aux exécutions sommaires et faisait de son revolver le juge suprême, ce résident organisa de véritables massacres. Les têtes tombèrent par centaines.

Cela fait frémir, de songer à la redoutable puissance ainsi placée dans les mains des résidents, souverains absolus, en somme, qui, sans contrôle réel, peuvent se livrer aux fantaisies parfois les plus criminelles.

Il est difficile qu'il en soit autrement : dès lors, il importe de choisir pour ces postes des hommes de haute moralité et d'intelligence éclairée.

En est-il toujours ainsi, et les fonctionnaires sont-ils, en général, à la hauteur de leur mission ?

C'est une question trop délicate pour qu'on y réponde à la légère.

Lorsque M. Rousseau devint gouverneur général, il eut, paraît-il, avec son chef de cabinet, une conversation très brève, mais aussi très significative.

— Monsieur, dit-il à son subordonné, je puis vous exposer mon programme en deux mots : je ne veux, parmi les fonctionnaires, ni alcooliques, ni fumeurs d'opium, ni pédérastes !

— Je vois ce que c'est, monsieur le gouverneur, répondit le chef de cabinet. Vous voulez l'évacuation ! »

Le mot était amusant, mais cruel à l'excès, et je me garderai bien de le reprendre à mon compte : j'ai trouvé, au cours de mon voyage, trop de fonctionnaires intelligents, éclairés, actifs et honnêtes pour généraliser un jugement si sévère. Et je dois même dire, pour être dans la vérité, que j'ai été très heureusement surpris de trouver autant d'hommes de valeur dans le personnel administratif.

Mais il n'en est pas moins vrai que l'Européen, fonctionnaire ou colon, rencontre ici trois dangers redoutables, qui mettent rapidement en péril sa moralité et son intelligence : l'absinthe, l'opium... et le boy. On peut même ajouter la congaïe, qui est d'une fréquentation plutôt regrettable, à quelque point de vue qu'on se place.

Et ces dangers-là sont presque toujours efficacement écartés par la présence d'une femme, d'une Européenne. On plaisante parfois M. Doumer, à cause de la préférence marquée qu'il témoigne aux fonctionnaires mariés.

Il a parfaitement raison et, pour ma part, j'ai été vivement frappé de la supériorité incontestable des fonctionnaires mariés sur les célibataires.

Dans nos colonies, il n'y a pas assez de femmes françaises : et ce n'est pas par simple galanterie que je dois constater combien, livré à lui-même, l'homme, obéissant à ses sentiments de nature, redevient vite un méchant et vicieux animal....

Dès mon arrivée à Hanoï, je fus pris du désir d'aller faire une pointe dans la province chinoise du Quang-Si. Je ne tardai pas à mettre mon projet à exécution.

Grâce à la complaisance d'un aimable compagnon de voyage rencontré sur la *Ville-de-la-Ciotat*,

la première partie du voyage jusqu'à Phu-Lang-
Thuong me fut rendue très facile.

Une légère voiture américaine fut mise à ma
disposition et des chevaux de relai préparés me
permirent d'aller vite.

La route, à l'époque où je la parcourus, était
complètement défoncée par des pluies diluviennes
et six heures sont nécessaires pour arriver à Phu-
Lang-Thuong.

D'abord, on traverse le Delta avec ses rizières
qui s'étendent à perte de vue ; à peine si, de loin
en loin, quelques bouquets d'arbres souffreteux
viennent rompre la monotonie du paysage.

Pour déjeuner, je m'arrête à Bac-Ninh, dont la
forteresse est de belle allure et rappelle de glo-
rieux souvenirs.

La ville est propre ; il n'y a plus de paillottes,
mais des maisons bien alignées sur une longue rue
animée et commerçante.

Quelques kilomètres plus loin, nous traversons
Dap-Cau, sur le Song-Cau, avec de magnifiques
casernes, occupées par une garnison assez importante.

Et ici une autre observation : on a beaucoup
critiqué les grosses dépenses faites pour édifier
dans toute cette région d'énormes constructions,
des casernes imposantes, de véritables palais pour
les fonctionnaires.

A première vue, il semble, en effet, qu'on aurait pu réaliser quelques économies en s'installant plus modestement. Après réflexion et informations prises, on revient vite de cette opinion. Il est certain que les Anamites, ceux surtout du Tonkin, ont une forte tendance à considérer notre occupation comme passagère. Le meilleur moyen de leur enlever leurs illusions à cet égard est évidemment de leur montrer par l'importance des travaux exécutés que nous sommes résolus à n'abandonner jamais le pays. C'est, du moins, l'opinion d'hommes qui m'ont paru réfléchis et dont l'avis mérite d'être enregistré.

Le soir, j'arrive à Phu-Lang-Thuong, et j'entends avec un certain plaisir le sifflet d'une locomotive ! Il y a quelque temps déjà que je n'ai usé d'un tel moyen de transport qu'on apprécie davantage après la diversité de ceux dont j'usais depuis trois mois.

Et le lendemain matin ce m'est une joie de m'installer dans un compartiment, pourtant peu confortable, d'un wagon Decauville.

Ces wagons, d'ailleurs, il me semble les reconnaître ! « Parbleu ! me répond un voyageur que j'interroge, c'est le matériel qui servit à l'Exposition de 1889, entre les Invalides et le Champ de Mars ! »

Quelle étrange rencontre et pouvais-je me douter,

il y a douze ans, le long de la Seine, en lisant, dans toutes les langues : « Attention aux arbres ! » que je viendrais m'asseoir un jour sur les mêmes banquettes entre Phu-Lang-Tuong et Langson ?

Un bruit de vieille ferraille se fait entendre et le train se met en marche, lourdement chargé, car dans les wagons et sur les marchepieds s'empilent et se suspendent des centaines d'indigènes qui vont au marché.

Je ne sais plus dans quel livre à l'usage des écoles j'ai lu, du Tonkin, cette laconique définition : « Le Tonkin, pays plat ! »

Évidemment, l'auteur s'était dispensé d'y venir voir : sans quoi il aurait pu constater que, après les vastes plaines du Delta, le Tonkin se développe en régions montagneuses du plus pittoresque effet. La ligne grimpe par des lacets nombreux le long des hauteurs rocheuses du massif de Yai-Kong.

A mesure qu'on s'élève, on constate un changement complet dans la population : les Annamites, en général, vêtus de loques sordides, font place aux Thôs, race de montagnards robustes, d'une grande propreté, habillés d'un pantalon et d'une blouse serrée à la taille, le tout en toile bleue foncée.

Les Thôs sont d'une grande douceur, pas très laborieux, il est vrai, mais supportant sans la moindre résistance la domination française qui eut pourtant tant de peine à s'établir dans la région.

Il faut parcourir ces montagnes du Haut-Tonkin pour comprendre les difficultés de la lutte contre les fameux Pavillons Noirs, auxquels les cimes boisées offraient des asiles impénétrables pour une armée régulière.

La disparition de la piraterie ne put s'obtenir que grâce à la collaboration de la population indigène. Les villages étaient las de subir les rapines des pirates chinois et ne demandaient qu'à se défendre contre eux. On résolut donc d'armer Thôs et Annamites et plus de vingt mille fusils furent distribués.

C'était certes un coup hardi et dangereux : la population ainsi armée pouvait se révolter et tourner contre nous ces fusils ; il n'en fut heureusement pas ainsi et la contrée est maintenant tout à fait pacifiée.

Mais voici Langson ! Langson au nom évocateur de lugubres souvenirs, Langson, théâtre de l'effrayante et néfaste débandade causée par la criminelle et incompréhensible terreur d'un colonel dont il faut mieux ne pas rappeler le nom : l'expiation fut pour lui suffisamment cruelle.

Langson est une coquette petite ville presque exclusivement militaire, bâtie dans un site pittoresque. J'y reçois, chez le commandant du cercle, le colonel Lefèvre, une hospitalité cordiale et toutes les facilités pour poursuivre mon voyage.

Un cheval est mis à ma disposition, ainsi qu'un milicien monté, chargé de me servir de guide et d'interprète.

Et je pars avec la joie un peu enfantine de pénétrer bientôt dans cet empire chinois toujours attirant et mystérieux pour nos imaginations occidentales.

A 14 kilomètres de Langson, on trouve sur la route de Chine le poste frontière de Dongdam.

De la citadelle, bâtie sur une haute colline, la vue est tout à fait jolie sur le village qui s'étend à nos pieds et sur les chaînes chinoises qui se dressent en face de nous.

Après quelques heures consacrées à un réconfortant déjeuner, je me remets en route suivi de mon fidèle milicien et nous atteignons en trois quarts d'heure la porte de Chine, qui ferme de ce côté la frontière du Céleste-Empire.

Cette porte est une sorte de forteresse qui bouche absolument le col où passe la route; un colonel chinois y commande le poste.

Je fais connaissance pour la première fois avec les soldats chinois, gaillards solidement bâtis, aux traits énergiques et qui n'ont pas mauvaise tournure sous leur uniforme rouge orné de caractères noirs. Le chef de poste m'offre gracieusement de me faire accompagner par un de ses hommes qui devra inspirer, me dit-il, le respect pour ma personne pendant mon séjour sur le territoire chinois. J'accepte sans cérémonie et je serai dorénavant suivi de deux cavaliers, l'un annamite et l'autre chinois, qui feront d'ailleurs bon ménage et s'emploieront de leur mieux à faciliter le voyage.

Aussitôt que la porte de Chine est franchie, le pays devient vraiment très beau et la route est presque continuellement pittoresque : c'est un chemin de montagnes qui tantôt s'accroche aux flancs de hautes collines boisées, tantôt se glisse dans des gorges étroites.

De temps en temps, on trouve des villages d'aspect misérable, aux rues étroites et nauséabondes.

Il serait inutile de se faire des illusions sur les sentiments de la population à notre égard : elle nous est manifestement hostile et, pendant la traversée des villages, j'entends des exclamations qui sont ou des insultes, ou des moqueries. Les regards que je croise sont menaçants ou dédaigneux et les Chinois ne se dissimulent pas le mépris que leur inspire l'Européen.

Le mieux est naturellement de paraître tout à fait indifférent et de passer au milieu de la foule avec une sérénité d'autant plus facile à garder que je ne comprends pas les injures qu'on m'adresse.

Quand je pense tout de même que le soldat chinois, chargé de m'accompagner, devait m'assurer le respect de la population !... Le bougre sourit paisiblement pendant qu'on m'invective et je crois bien que les paroles qu'il adresse de temps en temps à ses compatriotes sont bien plutôt des encouragements que des reproches.

Bah ! tout cela n'a pas d'importance : j'en ai entendu bien d'autres en campagne électorale et alors je comprenais !

Après avoir chevauché pendant quarante-huit heures par monts et par vaux, traversé une dizaine de villages, franchi cinq ou six portes qui barrent de loin en loin la route, j'arrivai au village de Ya-Tchou-Tan, sur les bords du fleuve Tso-Kiang, qui coule vers Long-Tchéou.

Là, j'abandonnai mon cheval pour me confier à un sampan chinois, qui, par les rapides, me conduisit en quelques heures à la capitale du Quang-Si.

Mon sampan est une véritable maison flottante où vivent trois ou quatre bateliers, leurs femmes et toute une nichée d'enfants de différents âges.

La descente des rapides est mouvementée et intéressante : je connais peu de sensations aussi agréables que celle qui consiste à se voir emporté par le courant au milieu des rochers d'un fleuve, alors que les bateliers, d'une main expérimentée et hardie, évitent les récifs avec un merveilleux sang-froid et manœuvrent d'un seul coup de gaffe la lourde embarcation, qui file comme une flèche.

Long-Tchéou, où j'arrive vers le soir, est une ville importante située au confluent du Si-Kiang et du Tso-Kiang. Ses rues sont étroites comme celle de toutes les villes chinoises, mais extrêmement mouvementées et commerçantes.

Il se fera, évidemment, un transit considérable entre le Quang-Si et le Tonkin, quand sera construite la ligne projetée entre Langson et Long-Tchéou.

A Long-Tchéou, je me faisais une fête d'avoir une entrevue avec le fameux maréchal Sou, notre ancien adversaire, lors de la campagne du Tonkin, celui-là même qui, bien involontairement d'ailleurs, nous infligea la désastreuse débâcle de Langson.

Sou est, depuis, devenu presque notre allié et, si son attitude manque parfois de franchise, comme celle de tous les Orientaux, du moins fut-elle suffisamment énergique pour empêcher, pendant ces dernières années, de désagréables incidents de frontière du côté du Quang-Si.

Hélas! une mauvaise nouvelle m'est communiquée, dès mon arrivée à Long-Tchéou. Sou est, depuis près d'un mois, enfermé dans une grotte où il fait une sévère retraite. Il jeûne, il prie, il fait pénitence et ne reçoit personne. Même sa correspondance ne lui parvient pas. Impossible, par conséquent, de lui faire passer les lettres de recommandations qui devaient m'assurer de sa part un cordial accueil.

Je dus donc renoncer à l'honneur de m'entretenir avec ce pieux personnage et me contentai de contempler de loin la grotte sacrée où le maréchal expie ses péchés.

Pourvu qu'il profite de l'occasion pour demander à Bouddha la guérison de sa dangereuse passion !

Sou est, en effet, un enragé fumeur d'opium, et c'est par centaines de pipes que, chaque jour, il s'ahurit un peu plus.

Je fais grâce au lecteur des menus incidents de mon voyage de retour, où l'hostilité de la population se manifesta peut-être encore avec plus d'insolence.

Je ne fus pas fâché, je l'avoue, de me retrouver en territoire tonkinois.

On se lasse de tout, même des injures !

CHAPITRE VII

HONG-KONG — CANTON — MACAO — SHANGHAÏ

Pour aller d'Haïphong à Hong-Kong, soixante heures devraient suffire ; j'ai mis six jours, pendant lesquels je n'ai pas cessé de maugréer. Songez donc !

Nous arrivons à Hoï-Hao, le principal port de l'île d'Haïnan, et le capitaine du *Hong-Kong* m'affirme que nous séjournerons là quelques heures à peine, le temps de débarquer des sacs de riz et d'embarquer 1.000 cochons, personnages de marque que nous devons conduire à Hong-Kong.

Or, c'est trois jours qu'a duré notre station.

Il n'y a à Hoï-Hao qu'une rade foraine et comme le vent s'est levé, les sampans qui doivent prendre les sacs et amener les cochons n'ont pu aborder le navire ; force nous est d'attendre un ciel plus clément.

Pour tromper l'ennui, je résolus d'aller à terre et me confiai un matin à un sampan plus hardi que les autres qui avait consenti à se présenter à l'échelle.

C'était une vraie partie de plaisir qui allait commencer pour moi.

A Hoï-Hao, je suis reçu à merveille par un jeune chancelier, faisant fonctions de consul, M. Blanchet, qui s'empressa de me faire visiter la ville chinoise aux ruelles étroites, sales et empuanties.

Une population de 30.000 habitants grouille là-dedans, décimée d'ailleurs par une effroyable épidémie de petite vérole.

— Si nous allions à la campagne, m'écriai-je, en me bouchant le nez.

— Excellente idée, répliqua le chancelier, et nous décidons que, après déjeuner, on ira visiter la capitale de l'île, Kiang-Tchéou, à cinq ou six kilomètres dans l'intérieur.

Nous partons en chaise à porteurs.

Et, voici la promenade charmante que je recommande tout particulièrement aux personnes délicates. La campagne entre Hoï-Hao et Kiang-Tchéou n'est qu'un vaste cimetière et la route est tracée entre des tombes, des monticules de terre où les Chinois sont enfouis par milliers. Il pleut à torrents et l'eau qui transforme la route en fondrière est empoisonnée par les émanations pestilentielles du cimetière ; c'est une odeur effroyable.

A mi-chemin, autre aimable surprise : des quelques cases, à gauche et à droite du chemin, s'échappent des mendiants qui se précipitent vers nous et entourent nos chaises avec des cris perçants. Ce sont des lépreux !

Les visages sont ravagés par de terribles plaies ; plus de mains, ce sont des moignons qui se tendent vers nous et les malheureux se traînent sur des choses innomables qui ne sont plus des pieds mais des lambeaux de chair sanguinolente.

Jamais, je l'avoue, je n'éprouvai pareille sensation d'effroi, de dégoût, de pitié et d'horreur.

Nous jetons une poignée d'argent aux misérables et nos porteurs pressent le pas ; mais rien ne peut plus me distraire de l'atroce impression que je viens de ressentir.

Kiang-T'chéou, où nous arrivons enfin, est une ville chinoise d'environ 40.000 habitants qui serait peut-être curieuse à visiter ; mais force nous est de renoncer à la parcourir.

Sans doute les Européens y viennent rarement, car à peine arrivés nous causons une vive curiosité ; nos chaises sont entourées par des centaines d'individus qui rient, nous montrent au doigt et gesticulent en baragouinant d'étranges choses.

L'attitude est, il est vrai, plus moqueuse que menaçante ; mais nous sommes agacés par cette foule qui nous enserre et nous donnons l'ordre aux porteurs de retourner à Hoï-Hao. Nous y arrivons la nuit venue et non sans peine, après avoir de nouveau traversé l'affreux hameau où campent les lépreux.

J'en avais assez de cette île où les vivants sont d'accord avec les morts pour empoisonner l'existence du voyageur et je voulus à toute force rejoindre immédiatement le *Hong-Kong*, où je me promettais de dîner confortablement loin des pestiférés, des varioleux, des lépreux et des cadavres de la route d'Hoï-Hao.

— Ne partez pas, me dit M. Blanchet; la nuit est noire, le vent est violent, la mer est démontée; jamais vous ne pourriez accoster le *Hong-Kong*.

— Tant pis! j'ai hâte de rentrer à bord, d'autant plus que le mauvais temps forcera peut-être le *Hong-Kong* à lever l'ancre et je me soucie peu d'attendre ici le passage d'un autre bateau.

— Vous êtes bien décidé?

— Oui.

— Alors, je vous accompagne.

— Non.

— Si.

— Non!

Bref, M. Blanchet s'opiniâtre et nous embarquons sur un sampan dont le patron, après une longue résistance, finit par se laisser séduire par la forte somme.

A peine sortis du port intérieur, nous sommes pris par la tempête ; les lames sont énormes, chacune d'elles nous inonde et des paquets d'eau nous fouettent au visage. Impossible de voir à cinq mètres en avant.

Tout à coup, une brusque secousse, nous venons d'échouer sur un banc de sable où la mer déferle avec violence : la voile en natte bat lugubrement le long du mât qui craque, les Chinois prennent peur, poussent des cris et ne gouvernent plus !

— Nous sommes perdus ! dit M. Blanchet.

— Mais non ! mais non, courage ! et me voilà prenant un Chinois au cou et le menaçant avec des gestes non équivoques de le jeter à l'eau s'il quitte la barre.

Bien m'en prend, car une lame plus forte que les autres nous soulève et nous remet à flot ; nous sommes à peu près sauvés !

D'ailleurs, nous apercevons non loin de nous les feux verts et rouges d'un steamer ; encore une demi-heure de lutte et nous allons accoster.

Mais tout à coup un juron énergique m'échappe ; nous sommes à quelques mètres du vapeur et je viens de m'apercevoir que ce n'est pas le *Hong-Kong*. Tout est silencieux à bord, tout le monde dort, nos cris ne sont pas entendus et personne ne viendra nous lancer un cordage sauveur.

Il faut prendre une résolution : accoster sans l'aide

de ceux qui sont à bord, il n'y faut pas songer ; mieux vaut repartir à la recherche du *Hong-Kong*. Peut-être est-ce vapeur que nous apercevons à deux ou trois milles.

Et nous voilà repartis !

Mais cette fois, le vent est debout ! la mer encore plus terrible ; chaque minute, une lame s'effondre sur nous, nous jette à terre entre les bancs de l'embarcation et toujours nos Chinois qui poussent des cris de détresse. Toutefois mes menaces ont produit leur effet ; l'homme de barre continue de brailler, mais il gouverne.

Enfin, enfin, les feux se rapprochent. Est-ce bien le *Hong-Kong* ?

— Non.

— Oui.

— Si, je reconnais l'avant !

— Non, nous nous sommes trompés.

— Pas du tout, voilà la salle à manger et la lumière électrique.

Et nous voilà poussant dans la nuit des cris stridents : au secours ! au secours !

O joie ! une voix bien connue a répondu à notre appel, l'accent marseillais prend à nos oreilles un charme incomparable et nous entendons le capitaine Bastian, qui commande le *Hong-Kong*, nous crier : « Bon courage ! »

Sacrebleu ! nous n'en manquons pas, mais il est

temps que cela finisse. Le sampan vient se heurter aux bastingages, le mât se brise, la carcasse craque ; mais une corde est jetée. Le temps de la saisir et de s'enrouler le corps avec et nous voilà hissés sur le pont.

Ouf ! Quelle fichue navigation.

Mais nous voilà dans le salon, le champagne est apporté, les bouchons sautent et la joie de vivre fait vite oublier les mauvaises heures.

Et c'est maintenant sans trop d'impatience que j'attends l'heure où on lève l'ancre pour mettre le cap sur Hong-Kong.

Dût en souffrir notre amour-propre national, il faut pourtant reconnaître que rien dans nos colonies d'Extrême-Orient, n'égale la splendeur d'Hong-Kong et de Victoria, sa capitale.

L'arrivée en rade est féerique, et on reste saisi d'admiration devant cette baie incomparable, toute fermée par de belles et hautes collines aux flancs desquelles s'accrochent et se détachent en blanc les luxueuses habitations européennes.

Nous passons à proximité du bateau-hôpital pour la peste (l'horrible maladie est ici, hélas ! presque continuellement à l'état épidémique), et nous jetons l'ancre à proximité des quais larges et animés où s'élèvent de majestueuses constructions.

Notre bateau est immédiatement entouré par de

confortables canots à vapeur et nous n'avons· que l'embarras du choix pour nous confier à un gentleman à casquette galonnée qui nous conduira sans plus tarder à l'un des luxueux hôtels qui se disputent la préférence des touristes.

Queen's road, que nous traversons pour aller à l'hôtel, est une grande artère commerçante qui traverse Victoria dans toute sa longueur, et où sont installés les plus riches magasins européens et chinois. L'animation y est extraordinaire, et le va-et-vient des milliers de djinrickshas et de chaises à porteurs est du plus curieux effet.

Aussitôt après le déjeuner, je me hâte d'accomplir, en compagnie de M. Leroux, le très aimable et très hospitalier consul de France, l'ascension classique du Peak : c'est un enchantement.

A peine le tramway funiculaire s'est-il mis en marche, en grimpant par une pente presque verticale le long des flancs de la haute colline, que le spectacle devient prodigieusement beau ; à l'arrivée à la station terminale, on a devant soi un panorama incomparable.

Et tandis que nous errons parmi les superbes et luxueuses villas construites là-haut, je ne me lasse pas de regarder cette baie aux eaux très bleues qui baigne la ville, tout égayée de verdure, ces multitudes d'îlots aux lignes sévères, ces collines rocheuses au profil harmonieux.

Toute la nature est, ici, merveilleusement belle ; mais l'œuvre des hommes est digne de la splendeur des sites, et l'on reste saisi d'admiration devant l'effort humain qu'il fut nécessaire d'accomplir pour transformer en ville somptueuse, en parcs ombragés, en promenades exquises, l'aride rocher où vint se planter un jour le pavillon britannique.

Mais il faut redescendre, car le temps presse, et je veux hâtivement parcourir les quais spacieux encombrés de marchandises, la rade immense où ne cesse pas le mouvement des paquebots, des vapeurs, des cargo-boats, des navires de guerre, qui viennent de tous les coins du monde et partent dans toutes les directions.

Une excursion à la nouvelle cité de Kowloon, qui s'élève rapidement sur le continent chinois, en face de Victoria, m'avait été chaudement recommandée : je ne regrettai pas ma promenade.

Avant quinze ans, Kowloon, qui n'existait pour ainsi dire pas il y a dix ans, sera devenue une ville énorme d'un demi-million d'habitants. C'est là que sont établis les docks où s'entassent les marchandises du monde entier et les ateliers de réparations et de constructions maritimes où huit mille ouvriers assourdissent le visiteur par le martèlement des tôles.

Ici l'activité est stupéfiante ; les cales sèches sont remplies de bateaux en réparation, et, comme elles sont encore insuffisantes à donner l'hospitalité aux navires des plus forts tonnages, on s'attaque à la montagne, la dynamite fait son œuvre et, dans les flancs entr'ouverts des roches colossales, on creuse de nouveaux bassins.

Les docks, les ateliers, la ville de Kowloon sont situés à l'extrémité d'un promontoire qui, depuis 1860, appartient aux Anglais.

Mais, alors que la Chine nous faisait la ridicule aumône de Quan-Tchéou-Ouan, par le traité de juin 1898, elle accordait à l'Angleterre toutes les îles qui avoisinent Hong-Kong et un immense territoire continental situé entre Mirs Bay et Deep Bay. C'est 98.000 hectares de terres et cent milles habitants, qui, d'un coup, tombaient sous la domination britanique.

Ajoutez à cela que cette prise de possession a, au point de vue stratégique, d'incalculables résultats.

Hong-Kong ne pouvait être menacé que par des batteries qui, amenées à travers ce Mirs Bay jusqu'à Tolo Harbour, auraient pu être dressées sur les hautes collines du promontoire de Kowloon.

Maintenant, de ce côté, toutes les eaux, toutes les baies, tous les points de débarquement sont anglais. C'est la sécurité absolue pour la colonie britannique.

Mais la fiévreuse agitation des ateliers de Kowloon nous a rompu la tête ; allons goûter un peu de calme et de repos dans un petit coin pittoresque qui semble être à proximité tout exprès pour faire contraste avec le bruit, l'animation, le mouvement commercial de Hong-Kong : je veux parler de la vieille colonie portugaise de Macao.

En deux heures d'agréable navigation, on débarque dans cette aimable petite ville, qui paraît morte, tant elle diffère étrangement de Victoria.

Presque plus de magasins, presque personne dans les rues ; voilà de petites maisons aux volets verts qui s'allongent tranquillement les unes à côté des autres et où tout paraît dormir. Voilà des moines qui lisent leur bréviaire sous les grands arbres des belles promenades d'un charme mélancolique.

Et, quand le soir tombe, des groupes peu nombreux vont, à pas lents, respirer la fraîcheur de la brise sur le rivage de la mer.

A six heures, le carillon des cloches un peu grêles sonne dans le lointain : c'est l'angélus et je vous jure qu'on se croirait alors bien plutôt dans un coin paisible de la province espagnole que dans cette vieille colonie d'Extrême-Orient où Camoens vint, jadis, aimer, chanter et rêver !

De retour à Hong-Kong, je prends mes dispositions pour aller dès le lendemain faire une excursion à Canton.

De Victoria à Canton, le voyage dure environ huit heures, et le temps passe vite, tant sont confortables les merveilleux bateaux qui font le service et remontent le fleuve Chu-Kiang.

Sur le pont sont aménagés de luxueux salons, réservés aux Européens ; dans la cale vaste et claire, des centaines de Chinois sont accroupis, qui jacassent avec animation, boivent, mangent, et s'endorment bientôt, engourdis par les vapeurs de l'opium.

Sur le Chu-Kiang, des centaines et des centaines de jonques vont et viennent, amusantes à regarder, avec leur voilure en forme d'aile de papillon.

Peu à peu, le mouvement de batellerie devient plus intense ; les bateaux de toutes formes et de toutes dimensions encombrent le fleuve, et notre steamer a peine à trouver sa route, à travers l'enchevêtrement des sampans ; nous voici bientôt au port de Canton.

Tandis que notre bateau s'amarre au quai, je contemple avec un prodigieux intérêt toute cette population chinoise qui vit sur l'eau dans des sampans accrochés les uns aux autres. Ils sont ainsi plus de 300.000 hommes, femmes et enfants, qui vivent du produit de la pêche, du chargement et du déchargement des navires.

Mais voici le nôtre envahi par une foule bruyante de coolis, qui se disputent voyageurs et bagages ; il est temps de descendre à terre.

Je me livre à la première chaise venue, et me voilà entraîné, au pas rapide de mes quatre porteurs, à travers les rues extraordinaires de l'immense cité.

Le spectacle est ahurissant.

Les rues, les ruelles, pour mieux dire, n'ont certainement pas deux mètres de largeur, et ma chaise a peine à passer entre les étalages des boutiques installées de chaque côté de la chaussée. Ajoutez à cela une foule grouillante d'hommes et d'enfants qui, pour la plupart, portent d'énormes paquets accrochés à de longs balanciers, et vous aurez une idée de l'encombrement auprès duquel le carrefour Montmartre semblerait un désert.

Pour obtenir passage, les porteurs poussent sans discontinuer des cris sauvages et bousculent sans façon les Célestes qui ne se dérangent point assez vite. Lesdits Célestes, qui n'ont point, en dépit de cette appellation paradisiaque, une patience angélique, ripostent par des injures à mon adresse et m'invectivent avec des regards farouches, en lançant dans ma direction des crachats méprisants.

Mais comme au Quang-Si, je garde devant les

outrages une bonne humeur d'autant plus souriante que je ne comprends rien à ces insultes et je
me contente de faire risette à tous les porteurs de
queues qui me montrent le poing.

Un instant de répit : nous voici à la concession
européenne, oasis agréable et verdoyant où
s'élèvent de belles constructions entourées de frais
jardins. C'est là que vivent tous les Européens de
Canton, en dehors de la population chinoise : nuit
et jour la concession est protégée par de lourdes
grilles gardées par la police chinoise, précaution
utile, tant la population cantonaise est fréquemment surexcitée contre les Européens.

Après un sommaire repas, je reprends ma course
à travers la ville chinoise, et je me demande comment mes porteurs peuvent retrouver leur chemin
à travers ces rues toutes semblables, avec leurs
longues bandes de calicot qui servent d'enseignes
aux milliers de petites boutiques si tentantes pour
l'amateur de bibelots.

Voici des marchands de soieries qui me font
signe en agitant de belles écharpes, de souples
tapis, de longues robes brodées. Plus loin, les
orfèvres travaillent curieusement l'or et l'argent ;
à côté, des artistes ingénieux, au pinceau délicat,
décorent avec goût de grands panneaux de papier ;
voici encore des bouddhas ventrus qui voudraient
me retenir d'un cordial sourire ; voici des jades

merveilleusement sculptées, puis des grès flammés, des poteries originales, des statuettes de marbre, des bibelots à profusion.

Hâtons-nous! Ce serait la ruine de céder à toutes ces tentations.

Vous parlerai-je des temples? Ils n'ont rien de majestueux et leur architecture est grossière, sans élégance de forme, sans originalité même.

Un des plus curieux est le temple des cinq cents génies, ainsi appelé parce que, à l'intérieur, cinq cents bonshommes en bois ou en bronze doré grimacent le long des murs.

Au milieu de toutes ces faces chinoises, voici un génie qui se distingue par un masque européen; il est coiffé de ce large chapeau que nos antisémites arborent avec fierté. Serait-ce l'image de M. Jules Guérin que les Chinois vénéreraient à ce point?

Non! Je suis seulement en présence de Marco Polo, le fameux voyageur italien qui, dès le treizième siècle, parcourut en tous sens l'immense empire du Milieu et souleva partout sur son passage des admirations et des sympathies. Rien de commun, comme on le voit, avec nos antisémites.

Non loin du temple des cinq cents génies s'élève la pagode des cinq génies; quatre cent quatre-vingt-quinze de moins! Mais les cinq sont beaucoup plus gros et encore plus laids que les cinq cents de tout à l'heure ; c'est une compensation.

Mais le temps passe et mes feuillets s'accumulent ; à peine si j'ai encore loisir de vous entraîner à ma suite jusqu'à la pagode des cinq étages, vieille et délabrée, et qui n'a de remarquable que le panorama qu'on y obtient de toute la ville de Canton et des campagnes environnantes.

Ainsi vue d'en haut, Canton est une ville monotone et laide : c'est un amas de maisonnettes basses et toutes pareilles, et le fleuve qui coule devant nous, entre des rives plates et dénudées, manque de charme.

Mieux vaut revenir encore dans ces rues dont l'animation grandit même, si possible, au fur et à mesure que la journée s'avance. De loin en loin, dans la foule, je rencontre de ces petites poupées, toutes blanches de poudre, trébuchantes et malgré tout gracieuses, que sont les Chinoises « aux petits pieds », et qui sautillent appuyées sur l'épaule complaisante d'une ou deux servantes.

Encore quelques bousculades, quelques injures même, quelques crachats évités, et je quitte la vieille ville chinoise, très enchanté de ma visite de quelques heures, mais plaignant de toute mon âme les Européens obligés d'y passer une partie de leur existence.

Même pour une vice-royauté, vous entendez ! je n'y établirais pas mes pénates.

Pas plus d'ailleurs qu'à Shanghaï qui pourtant offre infiniment d'intérêt à cause du heurt plus violent qu'on y constate entre la civilisation européenne et la vieille société chinoise.

Quand je passai à Shanghaï rien alors ne faisait prévoir pour aussi prochaine la crise qui devait bouleverser Pékin et la plupart des provinces.

Il est certain pourtant que l'exaspération contre les étrangers augmentait de jour en jour.

C'est que depuis quelques mois le gouvernement chinois avait dû subir de réitérées humiliations, consentir à des cessions de territoires, céder sur de nombreuses questions aux exigences européennes.

Or bien que le sentiment patriotique soit encore rudimentaire dans les âmes populaires, il est incontestable qu'un mouvement nationaliste s'est déjà produit, conscient chez les uns, instinctif chez les autres, qui aboutit à la fameuse formule : « La Chine aux Chinois ».

Et ce mouvement se manifestait avec une certaine intensité, chaque fois qu'à Pékin la France ou l'Angleterre, l'Allemagne ou la Russie avaient emporté quelques succès diplomatiques.

Très facile à reconnaître à Canton, ce sentiment nationaliste se faisait d'ailleurs infiniment moins apparent à Shanghaï, où l'importance des concessions étrangères est autrement considérable.

La ville jouissait alors d'une merveilleuse prospérité commerciale et industrielle. On y arrive par un large fleuve, le Whang-Pou, où fourmillent les embarcations de toutes sortes, où se croisent sans cesse de grands paquebots, des vapeurs de toutes nationalités, surtout de ces imposants steamers à balanciers qui dressent entre les mâts leurs puissants engins.

Sur les rives, des immenses usines se succèdent sans interruption, des hautes cheminées lancent dans l'air des torrents de fumée noire ; des coups de marteau qui meurtrissent l'acier et le fer ébranlent l'atmosphère, et le cri strident d'une locomotive déchire notre tympan un peu déshabitué de pareils sifflements ; on se croirait aux approches d'une grande cité anglaise et rien n'indique avant le débarquement qu'on est aux confins de l'Orient, et qu'on va pénétrer dans une ville où, derrière les concessions européennes et américaines, grouille une population d'un million de Chinois.

Disons-le en passant, cette prospérité de Shanghaï paraît être parvenue à son apogée et la cité cosmopolite verra sans doute diminuer peu à peu son trafic, bientôt vaincue par le prodigieux développement de son heureuse rivale, la ville de Han-Keou.

Il est impossible, il est vrai, de mesurer à l'heure

actuelle les conséquences économiques et politiques de la crise qui vient de bouleverser l'empire et dont le dénouement apparaît encore assez lointain ; il est difficile de prévoir jusqu'à quel point se trouvera retardé l'essor commercial que devait si rapidement hâter la pénétration des lignes de chemin de fer.

Néanmoins ce n'est qu'une question de temps : Han-Keou, appelée à devenir le point terminus de toutes les voies ferrées, située à l'intersection des grandes artères fluviales, Han-Keou, placée au cœur de la Chine pour ainsi dire, dans cette région si vivante et si active d'où sont sorties la plupart des grandes industries, où progressent encore et chaque jour davantage la céramique, la filature de la soie et du coton, le tissage des étoffes de soie, la métallurgie et les manufactures d'armes, Han-Keou, dis-je, est incontestablement prédestinée à un rôle prépondérant dans l'avenir industriel et commercial de l'Empire du Milieu. D'aucuns l'ont déjà nommée la Chicago de la Chine.

C'est là que viendront s'effectuer les échanges, que se chargeront et se déchargeront les paquebots remontant le Yang-Tsé ; et Shanghaï cessant d'être le grand entrepôt qu'elle est à l'heure actuelle ne tardera pas vraisemblablement à connaître de moins fructueuses opérations.

En attendant ces mauvais jours, Shanghaï reste toutefois une ville mouvementée et curieuse où on séjournerait volontiers autant pour étudier la poussée formidable du transit international que pour y pénétrer avec un peu de loisir dans les pittoresques manifestations de la vie indigène.

Hélas ! le temps m'était mesuré et je dus me contenter d'une visite trop superficielle de l'énorme cité.

On débarque en général sur les rives de la concession américaine toute bordée de grandes et belles constructions, ombragée d'arbres verdoyants, égayée par de jolies pelouses.

En foule, des traîneurs de djinrickshas attendent, qui se disputent vos bagages, vous offrent avec des gestes engageants leur légère voiturette.

Confions-nous à un de ces coolis aux jambes nerveuses, qui s'élancent au grand trot dans une direction quelconque sans attendre qu'on leur donne une adresse. Ils ont raison d'ailleurs puisqu'on ne saurait se faire comprendre.

Nous traversons d'abord la concession américaine, puis la concession anglaise avant de pénétrer par un pont étroit jeté sur un canal, dans la concession française.

Çà et là, on rencontre des gens endimanchés, on entend des sonneries de trompettes ou des marches allègres de fanfares.

Visiblement, la colonie est en fête, et, comme je m'informe, on me répond qu'un concours de pompes est organisé. Les équipes allemandes, françaises, américaines et anglaises doivent lutter de rapidité et d'adresse, les rues sont sillonnées de pompes attelées de vigoureux attelages, les cornets avertisseurs multiplient les bruyants appels. Que notre amour-propre national soit satisfait : c'est le corps des pompiers français qui remporte la victoire ; le premier prix leur est adjugé.

Je quitte bientôt les avenues qui manquent par trop d'originalité, pour pénétrer dans les rues chinoises.

Celles-ci sont aussi animées qu'à Canton ; mais on peut s'y promener sans recevoir des injures ou des horions.

Toutes les villes chinoises se ressemblent et nous retrouvons ici le même labyrinthe de rues étonnamment étroites, empuanties et encombrées, où circule une foule empressée et bruyante entre les boutiques sombres des fruitiers, des marchands de riz, des bouquinistes, des perruquiers, des marchands de soie, de nattes, de broderies et de papiers peints.

A la différence de Canton, il y a à Shanghaï, coupant de loin en loin ces ruelles, des rues assez larges et relativement aérées où les djinrickshas peuvent passer sans diminuer de vitesse et sans risquer de renverser quelque cooli pesamment chargé.

C'est là que sont les cafés et restaurants chinois et les fumeries d'opium où de riches négociants indigènes viennent rêvasser ou se divertir.

Le soir venu, tout cela s'éclaire; des lanternes rouges aux ventres ballonnés s'accrochent à toutes les devantures et illuminent de la façon la plus pittoresque ces quartiers où la foule se presse, babillarde et rieuse.

Là-haut, dans les salles fumeuses des restaurants de nuit des chanteuses aux petits pieds, drôlement fardées et gentiment costumées, chantent d'une voix grêle des mélodies étranges.

Mais les heures s'écoulent vite et je ne peux plus m'attarder si je veux profiter de la dernière chaloupe qui doit me reconduire à bord.

Ce n'est pas sans regret que je m'arrache à une promenade si amusante et si variée, et cette fois, pour retourner à l'embarcadère, je me confie à deux porteurs de chaise qui m'emporte sans mot dire, d'une allure rythmée et rapide.

Qui sait si les gaillards ne se promettaient pas de faire payer cher certain jour à quelques diables d'Occident l'humiliation de porter sur leurs épaules de Fils du Ciel un Barbare aussi lourd?

De Shanghaï j'ai rapporté une brochure d'un

haut intérêt et sur laquelle je demande à attirer l'attention de tous ceux qui s'intéressent à la question chinoise.

On la discute beaucoup en ce moment et chacun ratiocine sur le régime futur auquel il conviendra de soumettre la Chine.

Je ne veux point ici prendre parti pour telle ou telle solution et n'ai point la prétention de résoudre un problème aussi complexe.

Mais il me paraît intéressant de faire connaître autant que possible l'âme de ceux dont on s'apprête à fixer le sort : lorsque des nations se prétendent investies d'une mission civilisatrice, c'est bien le moins, n'est-il pas vrai? qu'avant de prendre des résolutions, elles se donnent la peine de s'informer des idées et des aspirations du peuple auquel elles veulent apporter le bienfait de leur administration.

C'est pour cela, qu'à mon sens, on ne saurait trop pénétrer dans l'intimité de la pensée chinoise et qu'il convient de livrer à l'opinion publique les documents de nature à l'éclairer sur l'état intellectuel et moral d'un peuple trop hâtivement, peut-être, qualifié de barbare.

La brochure dont je veux parler est la traduction d'un ouvrage récemment publié par Tchang-Tche-tong, vice-roi du Hou-Koang.

Traduite du chinois par le P. Jérôme Tobar,

elle fut éditée par les soins de M. Lemiere, directeur de *l'Echo de Chine*.

On ne sait pas au juste quel rôle a joué Tchang-Tche-tong dans les derniers événements. Au mois d'août dernier il y eut une certaine agitation à Han-Kéou, fomentée par les partisans du réformateur Kiang-You-Wei. Les conspirateurs cherchèrent à entraîner dans le mouvement le vice-roi des deux Hou : mais il semble bien que celui-ci se soit tenu très soigneusement à l'écart du mouvement des Boxers. Cette attitude prudente est d'ailleurs tout à fait conforme, comme on le verra plus loin, aux idées et au tempérament de Tchang-Tche-tong, homme pondéré, philosophe paisible, qui paraît avoir une horreur instinctive pour les opinions extrêmes.

Il ne faudrait pas croire toutefois que Tchang-Tche-tong soit un timoré, et il convient, au contraire, d'apprécier la hardiesse de ses opinions, qu'il sut affirmer en un temps où il était assez courageux de le faire. C'est à lui très certainement qu'on doit l'établissement définitif des chemins de fer en Chine.

Le 14 février 1889, l'impératrice douairière rendait un décret par lequel elle demandait à son grand Conseil un avis sur la question. Le mémoire en réponse, rédigé par Tchang-Tche-tong, concluait ainsi :

« A mon avis, les chemins de fer, surtout pour créer des débouchés aux marchandises du pays, sont d'une nécessité urgente. »

Les ennemis du vice-roi, espérant perdre l'homme qui avait donné un conseil aussi catégorique, intriguèrent pour que Tchang fût chargé lui-même de l'exécution des travaux auxquels il avait déjà prêté le concours de son autorité. Ils réussirent à faire signer le décret suivant, qui parut le 27 août 1889 :

« Moi, l'empereur, j'ai reçu de l'impératrice le décret suivant : Le ministère de la marine a envoyé le compte rendu des délibérations qu'il a tenues, d'après mon ordre, sur l'établissement des chemins de fer dans tout l'empire. Il propose d'adopter le plan de Tchang-Tche-tong, d'établir une ligne entre Lou-keou-k'iao et Han-k'eou, et de commencer dès maintenant le travail par les deux extrémitésà savoir, au midi, de Han-k'eou à Sin-iang-tcheou, et au nord, de Lou-keou-k'iao à Tcheng-ting-fou; le reste serait fait ensuite progressivement.

» Il indique aussi les moyens de se procurer l'argent nécessaire, d'acheter la route, et traite toutes les autres parties de la question. Son mémorial fournit des renseignements suffisants. Après avoir ainsi plusieurs fois réfléchi, délibéré et tracé des plans avec soin, il convient de prendre une détermination et d'en venir à l'exécution.

» J'ordonne que Li-Hung-chang et Tchang-Tche-tong soient chargés de combiner avec le ministère de la marine les mesures à prendre, et de commencer l'entreprise...

» J'ordonne aux vice-rois et aux gouverneurs du Tcheu-li, du Hou-pe et du Hou-nan de faire des proclamations, et d'avertir les lettrés et les hommes du peuple qu'il n'est pas permis de mettre des obstacles, de faire du tumulte, d'exciter du trouble. J'espère qu'à la ville et dans les provinces, tous seront unanimes, et que les marchands uniront leurs efforts pour mener cette affaire à bonne fin de contribuer à l'exécution de ce grand dessein.

» Pour tout le reste, qu'on fasse ce qui a été proposé par le ministère de la marine. Que ce décret soit publié partout. Respect à cet ordre. »

De cette façon, si l'entreprise échouait, on pouvait en faire remonter à Tchang la responsabilité tout entière.

Le vice-roi des deux Hou sut déjouer tous les calculs et garder jusqu'au bout la faveur impériale qui se manifesta avec éclat lors de l'apparition du livre dont nous allons parler.

L'édit suivant fut, en effet, rendu le 30 juillet 1898 :

« Aujourd'hui *Hang-Chao-ki*, membre de l'Académie et commentateur impérial, nous a présenté un livre fait par *Tchang-Tche-tong* intitulé *K'iuen-*

Hio-pien. D'après le Mémoire (fait au nom de l'auteur) qui accompagnait le livre, celui-ci se compose de deux parties, dites l'une *nei-pien*, et l'autre *wai-pien*. Après l'avoir lu attentivement, nous avons remarqué que les dissertations de l'auteur sont justes et droites ; que l'auteur est bien versé dans la connaissance des sciences et des arts (chinois) et dans celle du cœur humain, et nous jugeons que quiconque lira ce livre en tirera grand profit.

» Nous ordonnons donc que les quarante exemplaires envoyés en même temps soient distribués, par l'intermédiaire du Grand Conseil *K'iun-ki-tchou*, parmi les vice-rois, gouverneurs et examinateurs provinciaux qui réimprimeront le livre et le répandront avec profusion. Les autorités de tout l'empire feront des efforts pour exhorter le peuple (d'après les enseignements du même livre), en vue d'honorer la vraie doctrine et de mettre un frein aux discours inconstants des flatteurs. — Décret impérial. »

Les termes de cet édit indiquent suffisamment l'importance du mémoire de Tchang et le retentissement qu'il dut avoir parmi les hauts fonctionnaires du gouvernement chinois. Étudier l'œuvre de Tchang, c'est par conséquent s'initier dans une certaine mesure aux idées les plus répandues parmi les mandarins et lettrés qui suivent la politique du vice-roi des deux Hou.

L'auteur a eu soin, dans une courte préface, d'indiquer le sens général de cette politique, et dès les premières lignes, il fait preuve d'une incontestable perspicacité en prévoyant les malheurs prochains qui menacent son pays. Il s'efforce aussi, avec une singulière habileté, de se tenir en équilibre entre les opinions extrêmes et dénonce avec une égale énergie les réacteurs entêtés et les réformistes trop audacieux.

« Le sage a dit : « La honte tombera sur celui » qui ne prévoit pas les malheurs et, au contraire, » celui qui les prévoit aura la félicité en partage. » Comment comparer les changements qui s'imposent à présent avec ceux de l'époque dite *Tchoen-ts'ieou*? Depuis les dynasties *Ts'in* et *Han* jusqu'aux dynasties *Yuen* et *Ming*, il n'y a jamais eu une époque semblable à celle où nous vivons, et quiconque réfléchit sur les malheurs qui peuvent arriver éprouvera dans son cœur une douleur supérieure à celle ressentie par le *préfet des travaux* (qui en devint fou) et à celle de *Sin-Yeou*. Notre gouvernement, à cause de cela, est toujours occupé; il vit dans des anxiétés et dans des craintes continuelles. En ce moment, où il s'agit de changer les cordes de l'instrument de musique et d'accorder la guitare, de faire surgir des hommes de talent supérieur qui puissent devenir des ministres et des généraux, d'établir des écoles et d'instituer des grades extraordinaires, les hommes de caractère qui vivent dans l'intérieur des quatre mers sont pleins d'animation et, anxieux, ils se frappent la poitrine. Dans cet état de choses, ceux qui cherchent à porter remède aux affaires actuelles parlent de sciences nouvelles, et ceux qui pensent que des changements nuiront à la doctrine traditionnelle s'attachent aux anciennes ; les uns et les autres ne peuvent pas s'entendre et se mettre d'accord. Les conservateurs ressemblent à ceux qui, par crainte d'avoir la gorge obstruée par un os, ne veulent plus rien manger ; et les progressistes sont comme des brebis placées devant plusieurs chemins et qui fatalement s'égarent. Les premiers ne comprennent pas les choses nouvelles et les seconds ignorent quelle en est la base fondamentale ; ceux-là, ne comprenant pas les choses nouvelles, n'ont pas de moyens pour faire face aux ennemis de l'Empire et pour diriger les réformes ; ceux-ci, ignorant le vrai fondement des sciences, n'ont que des pensées de mépris pour la doctrine justement célèbre des anciens. Les choses étant ainsi, les conservateurs haïssent de plus en plus les progressistes ; ceux-ci prennent de plus en plus en dégoût les conservateurs : tous, par leurs attaques, se blessent mutuellement au cœur, et enfin, des gens trompeurs, partisans de changements toujours dangereux, profitent de toutes ces circonstances pour répandre leurs mauvais propos et séduire la multitude. Pendant ce temps, les étudiants se tournent de côté et d'autre sans trouver un point d'appui; les mauvais sujets lancent avec fougue dans le public leurs opinions perverses, qui se répandent peu à peu par tout l'Empire.

» Cependant, l'ennemi une fois arrivé sur nous, on n'a pas les moyens de le combattre avec succès; et s'il n'arrive pas, on n'a pas non plus les moyens de vivre en paix. En vérité, je crains bien que les malheurs de la Chine ne soient pas au dehors des quatre mers, mais qu'ils soient à l'intérieur des neuf provinces. »

Ayant ainsi constaté avec tant de mélancolie les causes du danger, Tchang-Tche-tong s'empresse d'indiquer les remèdes à une situation périlleuse et il indique de façon très précise le but poursuivi par lui en écrivant son livre.

« Le livre se divise en deux parties, dit-il : la première est dite *intérieure*, parce qu'elle s'occupe de réformer le cœur ; la seconde est appelée *extérieure*, parce qu'elle traite de l'adoption des choses du dehors. »

Et Tchang résume ainsi les conclusions auxquelles doivent conduire les vingt-quatre dissertations de son livre :

« Ces dissertations doivent, proclame-t-il, donner à ceux qui les liront la connaissance de cinq choses :

» La première est qu'il faut *savoir rougir*, c'est-à-dire rougir de voir l'Empire inférieur au Japon, à la Turquie, au Siam, à Cuba même.

» La deuxième est qu'il faut *savoir craindre*, c'est-à-dire craindre de voir l'Empire devenu semblable à l'Annam, à la Birmanie, à la Corée, à l'Egypte et à la Pologne.

» La troisième est qu'il faut *savoir changer*. Si l'Empire ne change pas ses vieilles coutumes, il ne pourra changer ses vieilles méthodes, il ne pourra pas changer non plus l'antique outillage de ses instruments et de ses machines.

» La quatrième est qu'il faut *savoir le point capital des choses*; ainsi quand on s'occupe de sciences chinoises, faire des recherches sur l'antiquité n'est pas une chose capitale ; mais savoir en profiter, voici ce qui est capital.

» Enfin la cinquième est qu'il faut *savoir où est le fondement*; ainsi, à l'étranger, il ne faut pas oublier son propre royaume ; en voyant des mœurs différentes, il ne faut pas oublier celles de son propre pays ; quand on a acquis beaucoup de connaissances et de savoir-faire, il ne faut pas oublier les saints personnages de l'Empire. »

Ayant ainsi formulé ses conclusions, d'avance nous allons voir comment Tchang les justifie.

Iʳᵉ PARTIE. — DISSERTATION I. — Elle est intitulée : *Unissez vos cœurs.* L'auteur y montre la nécessité de protéger l'Empire et indique les terribles conséquences du danger qui menace l'intégrité de la Chine.

« Que si effectivement la Chine venait à être partagée (mot à mot, comme un melon) conformément aux paroles insensées des Européens, alors la sainte doctrine (de Confucius), quoique très haute et très belle, ne serait bientôt plus pratiquée ; les cinq canoniques et les quatre classiques seraient rejetés comme un sac de boue ; les lettrés, avec leurs bonnets et leurs habits de cérémonie, n'auraient plus l'espoir d'entrer dans l'administration ; les gens habiles et rusés rempliraient les charges de pasteurs, de *compradores* et de copistes ; et les gens simples auraient à payer exactement toutes sortes de contributions pour les personnes et pour les choses, et fourniraient le personnel requis pour l'armée, pour les arts manuels, pour le service domestique des autres et pour les différentes corvées publiques, et voilà tout. Le peuple alors, descendant de plus en plus bas, deviendrait chaque jour plus abruti ; après un long espace de temps d'humiliation et d'abrutissement, il tomberait dans la misère ; puis il périrait et disparaîtrait. Aussitôt après la destruction du peuple chinois, le sort de la sainte doctrine et de ses sectateurs serait celui du brahmanisme et des brahmes de l'Inde ; ils se cacheraient dans les profondes montagnes, gardant avec eux les débris de la doctrine ; le peuple chinois serait semblable aux habitants des montagnes *Hé-koen-len*, de la mer australe ; toute leur vie, ils ne seraient que des esclaves cherchant à éviter les coups de verges et les propos injurieux de leurs maîtres, sans pouvoir y réussir... Ainsi donc la situation présente exige que l'on cherche à exciter dans tous les cœurs la fidélité et la bienveillance, que l'on s'occupe de fortifier l'Empire en développant ses ressources, que l'on respecte la dynastie régnante et que l'on protège le pays. Tel doit être le premier désir de ceux qui sont chargés de l'administrer. »

L'idée de la patrie est évidemment peu répandue dans les masses populaires du Céleste Empire ; mais les lignes qu'on vient de lire démontrent incontestablement que le sentiment national est profond et vivace chez certaines personnes. Aussi serait-il imprudent de n'en pas tenir compte et de s'imaginer qu'on pourrait impunément le violenter.

DISSERTATION II. — *Enseigner la fidélité à la dynastie régnante.*

L'auteur s'efforce ici d'exposer les bienfaits que doit le peuple à la dynastie actuelle : il rappelle un certain nombre des réformes réalisées et s'efforce d'établir que le sort des peuples occidentaux est moins heureux que celui du peuple chinois.

« Quoique la Chine, dit-il, ne soit ni riche ni puissante, cependant les Chinois, sans distinction de riches, de nobles, de pauvres et de gens de basse condition, tous ont de quoi vivre et de quoi nourrir leurs familles, et cela d'une manière aisée : tous ont de quoi être contents dans ce monde. Mais pour ce qui est des royaumes occidentaux, quoiqu'ils soient puissants et prospères, cependant le petit peuple dévore en silence des tristesses, des douleurs, des indignations et des rancunes mortelles sans nombre et sans remède. Ces peuples attentent impatiemment l'occasion de donner libre cours aux sentiments de leur cœur ; c'est pourquoi on compte tous les ans quelques attentats contre la vie des rois ou de leurs ministres. De cela on peut conclure que le gouvernement des peuples occidentaux est inférieur à celui du peuple chinois sous la présente dynastie. »

DISSERTATION III. — *Remettre en honneur la pratique des relations fondamentales de la société.*

Ces relations sont, d'après Tchang, celles de prince à sujet, de père à fils, de mari à femme ; et l'auteur compare la façon dont elles sont envisagées par les nations occidentales à celle dont elles sont comprises en Chine.

C'est surtout en ce qui concerne les relations de mari à femme que le vice-roi constate des différences peu à notre avantage, suivant lui :

« La femme européenne choisit son époux (après avoir demandé le consentement de ses parents, et de plus il doit y avoir un contrat de mariage, en sorte que l'union des époux n'est pas fortuite) et le mari ne prend pas de concubine : en ces deux points ils diffèrent grandement de nos mœurs. Mais ce serait une grave erreur si l'on concluait de là qu'entre l'homme et la femme d'Europe il n'y a pas de distinction. De plus, *quoique les Européens dans l'amour et dans le respect qu'ils portent à leurs femmes dépassent les bornes*, cependant celles-ci ne sont pas admises dans les conseils du gouvernement, ni dans l'armée ni dans les compagnies de commerce, ni dans les bureaux des grandes usines. A ce point de vue, on peut conclure justement que les Européens ont et gardent la vraie relation qui doit exister entre mari et femme. »

DISSERTATION IV. — *Connaissez votre race.*

Ici l'auteur se félicite des avantages réservés par la nature aux habitants de la Chine :

« Le sol de la Chine, dans la formation de l'univers, a obtenu la substance bien tempérée du ciel et de la terre ; c'est pourquoi les jours et les nuits y sont presque d'égale durée, la chaleur et le froid des saisons ne dépassent pas un juste milieu ; ses habitants sont doués d'une nature intelligente et bonne, et leurs mœurs sont pacifiques et polies. »

Mais il déplore l'indifférence et la rapacité de ceux qui, sans amour pour leur sol, sans souci de l'avenir, exposent le pays aux plus terribles malheurs :

« Les royaumes occidentaux, comparés au nôtre, ont tous commencé plus tard. La substance dont leurs habitants sont formés se manifeste en mouvements impétueux ; aussi, dès le principe, ils se sont disputés à qui l'emporterait en force et en adresse. Chacun des royaumes occidentaux s'est donc porté naturellement à faire des efforts pour écarter la destruction et l'anéantissement par la crainte qu'ils avaient de périr ; et ces efforts sans cesse répétés les ont enfin rendus puissants. Pendant ce temps-là, seuls les gens du peuple et les mandarins de l'Empire chinois, heureux et contents d'eux-mêmes, ne se sont aperçus de rien. Mais voici que, depuis une cinquantaine d'années, ils ont éprouvé plusieurs fois la force des étrangers et leur propre faiblesse. Malheureusement, tout cela n'a pas excité en eux de regrets, et ils n'ont rien fait pour se réformer. Ils ont gardé leurs sentiments d'orgueil avec leurs habitudes de paresse, tranquilles dans leur nonchalance inconsidérée. Leur état s'est enfin trouvé si bas, que les insultes

du dehors sont devenues extrêmes. A présent,
dans l'intérieur de la Chine, il ne manque certainement pas d'hommes qui, touchés de l'état de leur
Empire, font tous leurs efforts, épuisent leur savoir-
faire, déploient toute leur fidélité en vue de faire
disparaître les difficultés dans lesquelles se trouve
leur pays. Mais il y a aussi nombre d'hommes
aveugles et ignorants qui regardent la prospérité
ou le malheur de leur patrie d'un œil indifférent,
et ni l'un ni l'autre n'émeut leur cœur. Ils pensent
et disent que l'état actuel de la Chine est incompa-
rablement supérieur à celui où elle se trouvait lors
de la révolte des rebelles aux longs cheveux ; que
quand bien même l'Empire s'écroulerait, les richesses et les honneurs resteront. Parmi ces gens,
il y en a qui profitent du danger actuel pour lâcher
la bride à leur sordide cupidité ; ils espèrent
s'associer aux Européens pour faire le commerce,
pour émigrer en un pays étranger et s'y faire
inscrire comme sujets européens. Plus encore, ces
gens pervers tiennent toutes sortes d'exécrables
propos ; ils en viennent à parler mal de l'Empire
chinois, qui, à les entendre, est désormais impuis-
sant à rien faire qui vaille ; ils déblatèrent aussi
contre la Sainte Doctrine, qu'ils disent inutile.
Dans le partage de leur fortune, ils veulent tout
régler d'après les lois européennes ; jour et nuit,
ils s'attendent à ce que dans l'Empire il y ait quel-

que révolution politique, dont ils profiteront pour rechercher la protection des étrangers. Les gens vertueux appellent ces Chinois dont nous parlons des rebelles, et les hommes sages les appellent de grands ignorants.

» Depuis que l'Inde s'est soumise à l'Angleterre, les Indous peuvent être des soldats, mais ils ne peuvent pas devenir officiers, ni atteindre de hauts grades littéraires. L'Annam s'est un jour soumis à à la France, depuis lors les Chinois ont vu augmenter leurs impôts, mais pas ceux des Européens; les Chinois ont défense de voyager à l'intérieur sans passeport, tandis que les Européens ne sont pas astreints à cette mesure. Cuba est soumis à l'Espagne, et les indigènes ne peuvent pas faire partie des chambres délibératives. L'Amérique, dans ses commencements, a profité du travail des ouvriers chinois; depuis qu'elle est riche et prospère, elle défend aux ouvriers chinois de travailler, sans étendre cette défense aux ouvriers européens. Aux Chinois de la trempe décrite plus haut, sans vertu, sans prudence, sans vergogne. qui veulent être serviteurs des autres, il pourrait bien arriver, d'après la prévision des hommes plus sages qu'eux, qu'après avoir détruit leurs familles, ils perdent aussi la vie. »

A la véhémence de cette apostrophe, on peut voir combien est vif chez le vice-roi l'amour de l'indépendance, et combien de tels hommes dépenseront d'énergie et surtout déploieront de ruse pour résister à toute tentative d'asservissement.

DISSERTATION V. — *Honorez les classiques.*

L'auteur, dans ce chapitre, fait la critique des principaux écrivains de l'antiquité, païenne et chrétienne, et recommande tout particulièrement le livre des *Sentences* et l'ouvrage du philosophe Mong-tse.

DISSERTATION VI. — *Rectifiez vos idées sur le pouvoir.*

Dans ce chapitre encore, T'chang-T'che-tong exprime sa tristesse de voir le pays exposé à la merci, au mépris, aux insultes des étrangers.

Et il voit encore un surcroît de danger dans les paroles imprudentes de ceux qui provoquent le peuple à la révolte en proposant de lui concéder des libertés nouvelles.

Ici, l'auteur se révèle évidemment hostile à l'introduction des idées occidentales, et il accumule les raisonnements les plus... chinois pour démontrer qu'il n'y a aucun avantage à accorder des libertés nouvelles, qu'au contraire on préparerait plus rapidement par là l'invasion étrangère.

DISSERTATION VII. — *Ayez de l'ordre dans vos études.*

L'auteur s'efforce, dans ce chapitre, de concilier l'étude des sciences européennes avec l'étude de la littérature chinoise, car il ne faut pas sacrifier celle-ci à celles-là.

DISSERTATION VI. — *Attachez-vous aux choses les plus importantes.*

L'auteur recommande de ne pas vouloir embrasser trop de connaissances; il conseille aux étudiants de se spécialiser, et entre dans quelques détails sur l'organisation des études.

DISSERTATION IX. — *Enlevez le poison.*

En quelques lignes d'une rare énergie Tchang-Tche-tong dénonce les affreux ravages causés par l'opium dont l'introduction en Chine, proclame-t-il, a rendu inutiles les hommes de talent, enlevé leur vigueur aux soldats et appauvri l'empire.

Pourtant le vice-roi ne désespère pas et il voit dans l'ardeur à l'étude le remède le plus efficace à cette détestable passion sur laquelle il appelle en ces termes les malédictions de Confucius en personne :

« Confucius a dit : « Celui qui sait rougir est près »d'avoir du courage.» Mong-tse a dit aussi : «Celui » qui ne rougit pas de ne pas être à la hauteur des »autres hommes, en quoi est-il un homme?» Eh bien ! à présent, aucun des dix mille royaumes qui sont sur la terre ne s'empoisonne avec la fumée de l'opium ; c'est seulement l'Empire chinois qui offre le spectacle de toute une génération adonnée à l'usage de l'opium et s'y livrant sans frein, en sorte qu'elle-même se procure la pauvreté, la faiblesse, la mort et l'anéantissement ! En vérité, il n'y eut jamais, et il n'y a pas à présent, de changement, de révolution plus tristement surprenante que celle-là. Si Confucius et Mong-tse ressuscitaient pour apprendre à la Chine à *rougir*, sans aucun doute ils commenceraient par proscrire le fatal usage de l'opium. »

IIᵉ PARTIE. — Sous le titre général : *Exhortation à l'étude*, Tchang va nous indiquer les moyens les plus convenables à son avis de mettre en pratique les règles morales par lui indiquées dans la première partie. Nous allons découvrir dans ces quelques pages des considérations curieuses et instructives qui ne manqueront pas de projeter une certaine lumière sur les causes des événements actuels.

DISSERTATION I. — *Augmentez vos connaissances pratiques.*

L'auteur s'étonne et s'indigne de la résistance de certains hommes à étudier les méthodes étrangères et à s'inspirer de la science moderne.

Pourtant les leçons ne manquèrent pas aux hommes d'Etat du Céleste Empire :

« Sur ces entrefaites on reçut un premier avertissement dans la révolte des indigènes de Formose ; on en reçut un deuxième avec le Japon à l'occasion des îles Léou-Kéou ; puis un troisième lors du conflit avec les Russes dans le I-li ; un quatrième dans la Corée ; un cinquième dans l'Annam et dans la Birmanie ; et enfin un sixième lors de la guerre avec le Japon. Alors les malheurs de la Chine atteignirent presque la limite extrême, et cependant quelques grands mandarins restent encore aveugles et ignorants comme auparavant ; ils sont encore orgueilleux et satisfaits d'eux-mêmes. Le ciel veut leur ouvrir une voie et les hommes d'eux-mêmes la bouchent.

» En ce moment, s'écrie-t-il encore avec mélancolie, les cinq continents du globe communiquent entre eux et progressent à l'envi des uns des autres, tandis que la Chine seule reste humiliée au dernier rang. »

Comment, dès lors, ne saute-t-il pas aux yeux qu'on doit remédier promptement à une pareille situation ? L'auteur nous propose un remède dans la dissertation suivante.

Dissertation II. — *Voyagez pour vous instruire.*

Le chapitre presque tout entier est à citer :

« Demeurer en Europe pendant un an vous sera plus utile que d'étudier chez vous pendant cinq ans dans les livres européens... Passer un an dans un collège européen est plus profitable que rester trois ans dans un collège chinois... Faire des voyages d'étude dans un pays étranger pendant qu'on est jeune que les entreprendre quand on est déjà instruit... Les voyages d'un homme du peuple ne sont pas si profitables que ceux des personnes de haute position. — (L'auteur expose en détail comment le progrès a été introduit au Japon, en Russie et au Siam. Puis il poursuit :) En haut, nous avons l'exemple de la Russie, en bas celui du Siam et au milieu celui du Japon ; est-ce que la Chine ne pourra pas au moins égaler le Japon ?

» Quant aux royaumes où l'on peut voyager pour étudier, l'Europe ne vaut pas le Japon. Car : 1° la la route jusqu'au Japon est courte ; le voyage sera plus économique et l'on peut y envoyer des sujets en plus grand nombre ; 2° le Japon étant près de la Chine, il sera plus facile d'examiner et de surveiller les élèves qu'on y aura envoyés ; 3° la littérature japonaise se rapproche de la chinoise ; il nous sera facile de comprendre les livres japonais ; 4° les livres européens sont excessivement nombreux ; ce qui n'est pas nécessaire en a été déjà enlevé par les Japonais qui en outre les ont arrangés de manière à contenir tout ce qui est utile ; 5° les caractères et les mœurs du Japon et de la Chine ont beaucoup de ressemblance ; il sera donc facile aux Chinois d'imiter les Japonais. Pour toutes ces raisons avec moitié moins de travail on obtiendra au Japon un résultat deux fois plus grand. »

Le signataire de cette étude en revenant d'Extrême-Orient a dénoncé, après beaucoup d'autres, le danger que pourrait faire courir aux puissances occidentales une alliance sino-joponaise. Il faudrait fermer volontairement les yeux pour ne pas voir le danger qu'une telle alliance ferait. courir à la civilisation européenne.

Au cours de sa question, à la Chambre des députés, au mois de juillet dernier, M. Piou s'en est judicieusement expliqué, à mon sens, dans les termes suivants :

« Dans cet immense empire de 400 millions d'hommes, l'Européen est chassé comme « démon » étranger». Le Japonais est peut-être «démon», lui aussi, mais il n'est pas étranger. Il est de même origine et de même race que le Chinois. Il est son petit parent, parent remuant, ambitieux, inquiétant même, mais, après tout, de même religion et de même sang.

» Entre le Japon et la Chine, il n'y a pas querelle de race, mais presque querelle de famille. Où en serions-nous, où en serait l'Europe si, après avoir laissé prendre à cette puissance la première place dans le combat, elle venait réclamer la première dans le partage de la victoire ? Qu'aurions-nous fait, sinon conjurer un danger en en déchaînant un plus grand peut-être ? »

Tous ceux qui ont été en Extrême-Orient seront de l'avis de M. Piou.

Aussi eût-ce été une folie que de charger le Japon de pacifier les provinces chinoises insurgées.

C'est une erreur de croire que la guerre sino-japonaise a pour jamais armé les uns contre les autres Chinois et Japonais.

Il y a longtemps, au contraire, que les hommes d'État japonais, le marquis Ito entre autres, rêvent d'une alliance de tous les peuples de race jaune contre les peuples de race blanche et plusieurs fois des négociations furent engagées dans ce sens.

Elles n'ont pas abouti, j'en conviens : mais il suffit qu'un pareil rêve ait été fait pour que l'Europe se méfie.

DISSERTATION III. — *Établissez des écoles.*

DISSERTATION IV. — *Du règlement des écoles.*

Ces deux dissertations sont fort longues et nous ne saurions, sans allonger outre mesure cette étude, suivre l'auteur dans tous les détails de l'organisation qu'il préconise. A signaler seulement deux curieux passages : le premier dans lequel le vice-roi indique une ressource pour alimenter le budget des écoles :

« Mais, ajoutera-t-on, la somme ainsi obtenue sera encore trop insuffisante; comment faire ? Je réponds : « Que les pagodes et temples des Boud-
» dhistes et Taoïstes soient aussi affectés au même
» but. En ce moment, le nombre des pagodes et de
» temples atteint quelques dizaines de mille. Dans
» chaque préfecture, on les compte par centaines, par
» dizaines dans les grandes sous-préfectures; il y en
» a plus de dix dans les petites, et toutes possèdent
» des terres. Le patrimoine des temples et pagodes a
» été formé par les dons des bienfaiteurs. Si donc les
» pagodes et temples sont changés en écoles, celles-ci
» se trouveront aussitôt pourvues de locaux et de
» revenus assurés». En somme ceci est un expédient court et facile, imposé par les circonstances. Du reste, les religions européennes progressent tous les jours, les religions bouddhique et taoïste perdent chaque jour en influence. D'après les circonstances actuelles, il est évident qu'elles ne pourront pas se conserver longtemps. La religion de Bouddha a fait son temps et touche à la fin de sa carrière; quant à la secte de la Raison, elle-même se plaint de ce que les Esprits n'ont plus d'efficacité. »

Nos ancêtres de la grande Révolution, quand ils réalisèrent la nationalisation des biens du clergé, ne pensaient sans doute pas trouver un jour comme imitateur le vice-roi des deux Hou !

Dans un autre passage, Tchang recommande la formation de sociétés, de cercles d'études dont l'utilité est autrement manifeste que celle d'autres sociétés dont il fait une énumération pittoresque :

« Que si l'on ne pouvait pas fonder aussitôt des écoles nombreuses, au moins les lettrés de caractère devraient se réunir pour former une société ayant pour but de s'aider mutuellement dans leurs études. D'après les anciennes coutumes, les lettrés forment des sociétés à tout propos et pour des choses de peu d'importance ; il y a par exemple la société pour promouvoir l'imitation des calligraphes de l'antiquité ; la société pour rendre la liberté aux animaux et les conserver en vie ; la société pour ramasser avec respect tout papier contenant des caractères (écrits ou imprimés), sociétés encore pour boire du vin en composant des descriptions poétiques et des pièces de vers, pour jouer aux échecs et faire nager des feuilles d'arbre sur un courant d'eau, etc., etc., et cependant ils remettraient à un autre temps l'étude, chose autrement impo   nte, à laquelle est étroitement liée la sécurité ou le danger tant de leurs propres personnes que de la génération entière dont ils sont membres ! »

« Société pour faire nager des feuilles d'arbre sur un courant d'eau »! Voilà qui fait rêver ! Seuls les intrépides pêcheurs à la ligne qui se syndiquent pour faire nager des bouchons sur la Seine sans aucun espoir de prendre du poisson, pourraient rivaliser sur ce point avec les Fils du Ciel.

DISSERTATION V. — *Développer l'œuvre de la traduction des livres étrangers.*

Là encore nous allons trouver chez l'auteur la préoccupation d'aiguiller vers le Japon les efforts de la jeunesse studieuse, et cela ne peut que confirmer les quelques observations que nous avons cru devoir présenter à propos de la dissertation II.

« L'étude des langues européennes, dit-il, ne portera que lentement ses fruits ; mais les avantages sont très nombreux ; s'y appliquer est l'affaire des jeunes gens qui ne sont pas encore entrés chez les étrangers. Traduire des livres européens est une œuvre plus facile et les résultats sont plus prompts ; c'est un travail qui convient mieux aux hommes d'un âge mur et qui sont déjà dans les charges. Mais si l'on étudie la langue du Japon et que l'on traduise ses livres, alors les résultats seront prompts, très prompts même. C'est pourquoi, je le répète, les leçons d'un maître européen ne valent pas la connaissance de la langue du Japon et la traduction des livres européens ne vaut pas la traduction des livres du Japon. »

Dissertation VI. — *Lisez les journaux et revues.*

En cette dissertation dont le titre indique suffisamment l'objet, l'auteur définit le rôle de la presse avec une perspicacité que pourraient envier les Occidentaux.

« A mon avis, cependant, l'utilité la plus importante des journaux pour un royaume consiste surtout en ce qu'ils font connaître les défauts et les abus ; la connaissance des nouvelles ne vient qu'en second lieu. Dans l'antiquité le prince *Hoan* de *T'si* mourut parce qu'il ignorait la gravité de son mal et la dynastie des *T'sing* périt parce qu'elle n'entendit personne qui lui révélât les défauts de son administration. En règle générale, ce qui est profitable à l'Empire et ce qui lui est nuisible, le profit et la perte, ce qui se rapporte à sa tranquillité et à ses dangers ne peut pas être connu entièrement de ses habitants ; la coutume invétérée (comme un bandeau placé devant leurs yeux) les empêche de voir ; alors même qu'ils le connaîtraient, ils n'osent pas tout dire, mais tout cela est porté à la connaissance des gens d'un autre royaume, peut-être même d'un très puissant royaume, et alors on les publie tout haut sans crainte aucune et sans palliatif. Notre Empereur, nos ministres de toute classe peuvent les lire et en sont émus, ils en sont honteux et cherchent à y porter remède. N'est-ce pas un grand avantage (bonheur) pour l'Empire chinois?

» Ceux qui lisent présentement les journaux européens y voient comment ils critiquent et condamnent notre pays; ils disent sur nous les choses les plus fortes, le comparant tantôt à un homme en ivresse, tantôt même à un cadavre en putréfaction; ils discutent son partage éventuel, ils délibrent même pour savoir qui prendra les devants.

» En lisant ces choses, comment ne pas être stupéfait et ne pas se laisser aller à l'indignation? Je pense cependant que cela ne vaut pas la peine de s'indigner. Autrefois *Tcheou-ko* recherchait précisément ceux qui attaquaient sérieusement ses défauts et ce que *Tcheou* craignait le plus, c'était qu'à force de lui cacher sa maladie, le pays n'arrivât à la mort. De plus, dans l'antiquité, les lettrés avaient des amis chargés de leur correction; pourquoi nous plaindre de ce que notre Empire, en ce moment, ait des voisins qui se chargent de le reprendre et de le corriger? »

Dissertation VII. — *Changez vos méthodes.*

DISSERTATION VIII. — *Il faut réformer les examens.*

Là encore l'auteur insiste sur la nécessité d'introduire des réformes dans le programme des études, et de faire une place prépondérante, dans les examens, aux sciences modernes.

DISSERTATION IX. — *De l'agriculture, de l'industrie et du commerce.*

C'est dans ce chapitre que Tchang-Tche-tong s'applique le mieux à faire ressortir l'avantage des méthodes occidentales, par comparaison avec les antiques procédés qui laissent la Chine stationnaire.

« Avoir mille *li* de terres précieuses, c'est tout comme si l'on ne possédait rien ; réunir un million de gens du peuple ignorants, c'est comme s'il n'y avait personne. Or, si l'on ne s'adonne pas à l'étude de l'agriculture, de l'industrie et du commerce, quoique la Chine soit très vaste et sa population très nombreuse, elle ne pourra pas empêcher qu'on ne s'en moque comme d'un royaume dont le territoire est bien peuplé, mais dont les habitants manquent d'instruction. »

L'auteur entre ensuite dans une foule de détails qui prouvent jusqu'à quel point il a su s'affranchir de l'esprit routinier.

« Pour prendre l'eau d'irrigation, pour détruire les insectes nuisibles, pour bêcher la terre, pour arracher les herbes, pour battre les moissons et pour moudre les grains tantôt avec la force du vent, tantôt avec celle de l'eau, il y a toutes sortes de nouveaux procédés et d'instruments perfectionnés. Avec le secours de ces inventions nouvelles, on peut ménager la moitié de ses forces et cependant obtenir une récolte double de celle obtenue d'après les anciens procédés et avec les instruments d'autrefois. Mais tout cela, on le voit, demande une étude spéciale des machines.

» Les Européens disent qu'un arpent (*meou*) de terre bien cultivé peut nourrir trois hommes; or, en Chine, quand un arpent peut nourrir un *seul* homme, le sol passe pour très fertile. »

Plus loin il recommande la méthode de l'assolement qui, d'ailleurs, ne s'introduisit pas sans résistance chez nos populations rurales toujours défiantes à l'égard des idées nouvelles.

« D'après les principes de l'agriculture européenne, la semence d'une terre doit varier chaque année; de cette manière les substances du sol, que les semences s'approprient, varient aussi tous les ans; les racines et les feuilles qui retournent à la terre variant aussi d'après la nature des semences, peuvent compenser les pertes du sol et même ajouter à sa fertilité. Quand les semailles ont varié pendant sept ans, on peut recommencer un nouveau cycle; et, sans qu'il soit besoin de laisser jamais

les terres en friche, le sol conserve naturellement
toute sa force. Cette nouvelle méthode de reposer
et de fertiliser la terre, l'emporte incomparable-
ment sur celle des anciens qui fréquemment lais-
saient les terres en friche d'après un certain ordre,
et c'est, en outre, une méthode expéditive et
facile. »

Sur cette question, le lettré chinois n'est en
somme que d'un siècle en retard sur notre agriculture française.

Plus loin, à propos de l'industrie et du commerce, le vice-roi préconise également les méthodes
européennes et supplie ses compatriotes de voyager
à l'étranger pour s'y perfectionner et profiter des
leçons que peut leur offrir l'exemple des concurrents.

Dissertation X. — *De la science militaire*.

Tchang-Tche-tong fait une étude conciencieuse
de l'organisation militaire des grandes puissances
occidentales et formule des vœux pour qu'un système analogue soit adopté par la Chine.

Surtout il voudrait réhabiliter parmi ses compatriotes le métier des armes, généralement méprisé.

« Les devoirs des chefs de l'armée se résument
en deux mots : *fidélité, honneur* et ils s'appliquent
à acquérir et à développer ces deux vertus ; c'est
pour cela qu'ils estiment grandement la profession

de soldat et apprécient ses mérites. En Europe on voit les rois revêtir en public l'uniforme des grands officiers de leur pays ; les chefs des royaumes voisins s'offrent mutuellement des titres honorifiques propres aux officiers de l'armée ; les soldats qui vont au combat trouvent toujours préparé de quoi rassasier leur faim et réchauffer leurs membres ; les familles de ceux qui meurent sur le champ de bataille reçoivent une pension du gouvernement pour leur subsistance. Quand des soldats meurent en combattant, les rois eux-mêmes portent à leurs familles leurs condoléances ; si des soldats tombent blessés, la reine elle-même les soignera. Pour toutes ces raisons, les officiers militaires sont plus estimés que les officiers civils et les soldats s'estiment eux-mêmes au-dessus des gens du peuple. La force des pays étrangers vient de ce que nous venons de dire. »

Ce n'est point l'heure de discuter ici avec le vice-roi les inconvénients ou les bienfaits du militarisme. Mais sans doute, une étude plus approfondie de notre civilisation aurait pu modifier sur ce point les idées de Tchang-Tche-tong dont nous avons eu jusqu'ici tant de fois l'occasion d'approuver le bon sens et la perspicacité.

DISSERTATION XI. — *De la minéralogie.*

Cette perspicacité s'affirme notamment dans ce

chapitre où le vice-roi définit avec infiniment de sens pratique le rôle économique du charbon. Il comprend les imperfections de l'exploitation telle que la pratiquent les indigènes, mais redoute aussi la main-mise des étrangers sur une richesse qui doit rester nationale. Aussi préconise-t-il un moyen ingénieux de concilier les nécessités de l'exploitation avec la préoccupation d'empêcher les Européens de se rendre complètement maîtres des mines :

« A mon humble avis, dit-il, le charbon est actuellement comme la base de toutes les industries; c'est pourquoi son exploitation est la chose la plus urgente. Mais dans une houillère, si le puits n'est pas creusé profond, on n'obtient aucun résultat sérieux; car le charbon qui est près du sol contient beaucoup d'impuretés, le gaz qui s'en dégage est très lourd; d'où il suit que le charbon qu'on en extrait n'est pas dur. Le vice des procédés indigènes est que, creusant la terre obliquement, on ne peut pas bien descendre bien bas. Si l'on rencontre de l'eau, on n'a pas de moyens expéditifs de l'épuiser; en outre le puits peut bien se trouver inutilisé par une de ces quatre causes, savoir, ou par une irruption de l'eau, ou par un éboulement des parois, ou par un dégagement d'acide carbonique, ou par une éruption du feu terrestre (grisou). »

Donc il y a nécessité de prendre les conseils des

Européens versés dans l'art de l'extraction sans toutefois leur livrer ces richesses du sol chinois.

« Voici un expédient, propose-t-il, pourquoi n'unirions-nous pas nos capitaux à ceux des Européens pour exploiter ensemble des mines ? Le profit sera proportionnel au capital d'un chacun, mais on permettra aux Européens de prendre seulement trois ou quatre dixièmes des actions ou tout au plus la moitié. Ce procédé est encore plus facile peut-être que le précédent et moins sujet à inconvénients. Ne vaut-il pas mieux en agir ainsi que concéder toute l'exploitation aux Européens, ou que posséder de belles mines bien fermées ? Il y a trois ans, ce procédé aurait trouvé beaucoup d'obstacles ; à présent il semble qu'il pourrait être mis en pratique. »

On voit combien il y a loin de ces avis si pondérés et si sages, aux sauvages excitations des fanatiques contre les étrangers ; combien, par conséquent, il serait injuste de confondre toute la nation chinoise dans une même réprobation irraisonnée. Pas plus au Céleste Empire que dans nos contrées européennes, les bons citoyens ne doivent être rendus responsables des insanités et des crimes de quelques agitateurs forcenés.

DISSERTATION XII. — *Des chemins de fer.*

Nous avons vu, dès les premières pages de cette

étude, le rôle joué par Tchang-Tche-tong dans l'introduction des chemins de fer en Chine. Nous ne serons donc pas surpris de l'enthousiasme avec lequel il s'exprime sur un sujet qui lui tient fort au cœur.

« Y a-t-il quelque chose, s'écrie-t-il, qui puisse être utile également aux cinq classes du peuple : lettrés, agriculteurs, marchands, artisans et soldats ? Je réponds qu'il y en a une seule : les chemins de fer.

» Le profit qu'en tirera le lettré sera l'avancement de ses connaissances ; le cultivateur verra se développer les produits de ses terres, l'ouvrier se perfectionnera dans la construction des machines ; le marchand pourra parcourir rapidement de grandes distances et diminuer considérablement ses dépenses pour le transport de ses marchandises ; enfin les troupes seraient réunies et concentrées très promptement, les changements de garnison et les approvisionnements se feraient avec la plus grande facilité. »

Et plus loin l'auteur insiste d'une façon plus pittoresque encore sur les bienfaits des voies ferrées :

« En outre, à cause des chemins de fer, l'administration des mandarins ne sera plus gênée, et obstruée ; les secrets désirs du peuple ne seront plus refoulés et comprimés ; les courriers ne seront pas retardés ; les réquisitions n'accableront plus les pauvres gens et les calamités publiques ne nous donneront plus d'anxiété ni de soucis : voilà autant d'avantages qui suivront tout naturellement l'établissement des chemins de fer. Il résultera encore de là que l'Empire sera comme une famille et les neuf provinces seront sous l'action du gouvernement comme les doigts, les mains et le bras qui reçoivent leur mouvement de la tête. Le territoire de sept cent mille *li* carrés de notre Empire sera vraiment la possession du gouvernement et les quatre cents millions d'habitants seront en réalité ses sujets. Considérez le corps humain : quand les esprits vitaux et le sang des artères pénètrent partout, il peut se mouvoir ; quand les yeux sont clairs et les oreilles fines, on acquiert des connaissances ; quand le cœur et l'intelligence sont en état d'accomplir leurs opérations propres, les idées et les projets surgissent. Les yeux et les oreilles, ce sont les nouvelles des royaumes étrangers ; le cœur et l'intelligence sont les écoles ; les esprits vitaux et les artères, ce sont les chemins de fer. Encore une fois, tant que nous n'aurons pas de chemins de fer, l'aurore du progrès et des avantages dont j'ai parlé plus haut n'est pas près de luire. Quant aux endroits où les chemins de fer n'arriveront pas, il faudra construire de nombreuses grandes routes carrossables et plusieurs petits chemins à rails pour le service des voitures à bras ; la prospérité du peuple et une bonne administration en seront le résultat immédiat. »

On conviendra qu'il fallait un certain courage pour s'exprimer avec tant de chaleur sur une invention que les hauts mandarins réacteurs de la Cour qualifiaient de diabolique !

« Dans l'état actuel de la Chine, en mer, manquant de navires de guerre et, sur terre, n'ayant pas de chemins de fer, on peut bien dire en toute vérité qu'elle est comparable à un corps sans pieds. Si maintenant on veut y penser pour porter remède, il est peut-être déjà tard ; mais si l'on continue encore à négliger de s'en occuper, je crains beaucoup que ce ne soient d'autres qui se chargeront d'y pourvoir à notre place. »

DISSERTATION XIII. — *Ayez une idée exacte et vraie des choses.*

DISSERTATION XIV. — *Ne supprimez pas l'armée.*

Dans ces deux chapitres l'auteur revient sur des sujets déjà traités : à signaler seulement le ton sarcastique avec lequel le vice-roi parle des vaines tentatives faites en Europe en faveur du désarmement, et la façon humoristique dont il préconise le système de la paix armée. On croirait lire un discours de l'empereur Guillaume.

« Il y a quelques années, une société de désarmoment s'est formée en Autriche; mais peu de temps après, à des époques très rapprochées les unes des autres, la Russie fit la guerre à la Turquie, l'Allemagne la fit à l'Afrique (?); l'Angleterre la fit d'abord à l'Égypte et après au Thibet; la France la fit à Madagascar; l'Espagne la fit à Cuba, et enfin la Turquie la fit à la Grèce. En toutes ces rencontres, on n'a pas entendu dire que quelque membre de la Société de désarmement se soit présenté pour s'interposer comme médiateur entre les belligérants.

» Après toutes ces guerres l'Allemagne a pris possession de *Kiao-tcheou*, par la force des armes; de la même façon la Russie a également pris possession de Port-Arthur. Depuis vingt ans on n'entend parler de rien autre chose que de l'augmentation de la marine dans tel royaume, que de nouvelles dépenses pour l'armée : tous les pays se disputent à qui sera le plus fortement armé, sans qu'il soit question de s'arrêter jamais.

» Si nous avons des soldats, les royaumes faibles nous craindront assurément et les royaumes forts rechercheront notre amitié. A la première campagne, unis aux Européens, nous vaincrons avec eux et unis aux Asiatiques nous vaincrons aussi avec eux. Après cela, il nous sera permis, à notre gré, de réunir nos troupes ou de les congédier puisque le pouvoir en sera en nos mains; au contraire, si nous n'avons pas d'armée et attendons que les autres royaumes suppriment les leurs, ne serait-ce pas nous exposer encore à être la risée de tout le monde ? Vers la fin de la dynastie des *Han*, quelqu'un se mit à réciter à haute voix le livre de la pitié filiale dans le but de disperser les rebelles aux bonnets jaunes ; mais ceux-ci ne voulurent pas l'écouter un instant. En une autre occasion un autre éleva l'étendard à gueules de tigres (*Tche yu*) et voulut séparer des querelleurs qui se battaient ; ce fut peine perdue ; ceux-ci ne voulurent pas s'arrêter devant l'étendard.

» Si vraiment on veut que la Chine supprime son armée, il faut d'abord que sa flotte se compose de cinquante navires de guerre et son armée de terre de trois cent mille hommes d'élite ; que ses soldats soient de jour en jour plus vaillants, ses navires de guerre de jour en jour plus nombreux, ses forts de jour en jour plus solides, ses arsenaux de jour en jour plus riches et ses chemins de fer de jour en jour plus longs. Alors les autres royaumes voyant notre force n'oseront pas remuer les premiers pour nous faire la guerre. Si cependant quelqu'un d'entre eux osait violer les traités, nous nous mettrions aussitôt en campagne sans regretter d'y déployer toutes nos forces et sans le fol espoir de nous en tirer sans tuiles cassées. Alors aussi les royaumes de l'orient nous aideraient à demeurer en termes d'a-

mitié avec eux et les royaumes d'occident s'inter-
poseraient de tout leur pouvoir pour empêcher la
guerre ; bref, la question de la pacification de
l'orient serait résolue. »

DISSERTATION XV. — *N'attaquez pas les religions
étrangères.*

C'est dans ce chapitre, le dernier, que Tchang-
Tche-tong va nous donner la mesure de son esprit
de tolérance et que nous allons trouver des conseils
dont pourraient utilement profiter certains intran-
sigeants des races blanches.

« A notre époque, le vrai et le faux ressortent
clairement. Nos philosophes, Confucius et Mong-tse,
ont transmis au peuple chinois la très juste et très
droite doctrine : cela est évident comme le soleil et
la lune qui brillent au firmament. La pureté de la
raison naturelle, la perfection des relations naturelles qu'elle enseigne sont telles, que tous les
hommes, même les peuples les plus éloignés, même
ceux dont les coutumes sont les plus différentes des
nôtres, n'osent les contredire ni les critiquer.

» Cependant, en ces derniers temps, les disciples
du Saint-homme (Confucius), craignant que la
sainte doctrine ne soit en danger se sont mis à réfléchir sur les moyens de l'étayer et de la faire
prospérer. A mon avis, l'important pour cela est
de réformer l'administration et nullement susciter

des querelles de religion. En ceci il y a une différence profonde entre les temps passés et les temps
modernes.

» Depuis que la Chine et les pays étrangers ont
développé leurs relations, les églises et maisons religieuses des Occidentaux se sont établies par tout
l'Empire chinois. Outre que la prédication de la
religion chrétienne est autorisée par les traités,
l'incendie et la destruction des églises sont interdits par les décrets impériaux. »

Et soulignant sa pensée dans une note de spirituelle ironie, l'auteur écrit ces quelques lignes :

« En Europe, à cause des querelles entre la nouvelle religion (le protestantisme) et l'ancienne (le
catholicisme), on est arrivé à se faire mutuellement
la guerre pendant plusieurs dizaines d'années.
C'est que les maîtres de chaque religion, voulant
avoir le pouvoir, se servirent du prétexte religion
pour exciter des révoltes; il n'y fut nullement
question de savoir qui avait tort ou raison. »

Plus loin, le vice-roi s'efforce de mettre fin aux
absurdes légendes qui circulent parmi le peuple et
qui surexcitent les masses contre les missionnaires.

« Pour ce qui est des absurdes et mensongères
rumeurs qui ont cours parmi le peuple, d'après
lesquelles, dans les établissements religieux, on
commettrait des actes de cruauté, tel que d'ar-

racher les prunelles des yeux pour les mélanger aux ingrédients pharmaceutiques pour en faire des acides et pour les mélanger avec du plomb qui se transformerait en argent : quoique de si absurdes mensonges se colportent partout, ils sont complètement incroyables. »

A l'appui de son affirmation, l'auteur cite un exemple qui montre à quel point les calomnies les plus absurdes peuvent rencontrer de créance dans la foule ignorante.

« Dans l'affaire religieuse de *I-tchang* arrivé en la 17ᵉ année de *Koang-siu* (1897), on fit d'abord courir le bruit que l'on avait fait des recherches dans la maison des missionnaires et qu'on y avait trouvé dix-sept enfants sans yeux. Tout le monde affirmait cela ; mais un délégué de l'autorité qui y fut envoyé en compagnie du préfet et du sous-préfet pour faire une enquête minutieuse n'y trouva pas même le plus petit indice qui confirmât cette fable insensée. On y trouva seulement un borgne dont l'orbite de l'œil était saine et dont le blanc de l'œil était intact. Or, ce borgne lui-même, ainsi que ses parents, affirmèrent que la perte de l'œil avait été causée par la petite vérole. Après cela les rumeurs cessèrent. L'affaire de *Kiang-yng* survenue en la 22ᵉ année de *Koang-siu* (1898), fut causée par un mauvais sujet, qui, voulant nuire à l'établissement religieux, y enterra le cadavre d'un enfant; il espérait par là étayer sa calomnie ; mais tout le monde à la ville et à la campagne connut bientôt la supercherie. Le coupable avoua sa faute, en fut puni, et l'on en prit note dans la conclusion du procès. Ce sont là des affaires toutes récentes, garanties par des preuves certaines. »

Et l'auteur termine par cette belle et forte pensée qui vaut d'être recueillie par tous, et sous toutes les latitudes :

« Le proverbe dit que la bille qui roule est arrêtée par un trou qu'elle rencontre : les paroles qui se répandent sont arrêtées par les sages aux oreilles de qui elles parviennent. Vous notables, vous qui portez l'habit des lettrés, vous avez tous le devoir d'instruire et de diriger le peuple stupide : tâchez de ne pas devenir, à cause de votre ignorance, l'objet de la risée des étrangers! »

Puissent des paroles si sages franchir les mers et parvenir jusqu'au seuil de notre Académie. Je sais des mandarins français qui pourrait les méditer avec profit.

11.

CHAPITRE VIII

AUX PHILIPPINES

Les péripéties de la guerre sud-africaine sont si passionnantes que l'attention s'est détournée de ce qui se passe dans le Pacifique; c'est presque un anachronisme que de parler encore des Philippines.

Et pourtant, si l'on veut bien y réfléchir, la résistance du peuple tagal à l'invasion américaine n'est ni moins admirable, ni moins surprenante que celle opposée par les Boers aux troupes britanniques.

Voilà deux ans déjà que les Philippins soutiennent, avec une merveilleuse énergie, cette lutte contre la grande République; et malgré les dépêches mensongères qui parviennent de temps en temps, il est certain que le général Mac-Arthur continue de trouver en face de lui des hommes qui préfèrent la liberté à l'existence même et qui lui barrent la route avec une intrépidité sans égale.

Après six mois de campagne, la situation était la suivante :

Les Américains occupaient une surface d'environ 500 kilomètres carrés où vivaient 500.000 indigènes.

Or, les Philippines se composent de 1.700 petites îles, dont la surface totale est d'environ 345.000 kilomètres carrés, avec une population de 10 millions d'indigènes.

Il en résulte qu'en s'en tenant à une simple opération d'arithmétique, on arriverait aux conclusions que voici :

S'il a fallu six mois pour occuper 500 kilomètres carrés, il faudra 4.140 mois ou 345 ans pour conquérir l'archipel !

Un tel calcul, si rigoureux soit-il, n'en paraît pas moins un peu paradoxal et je n'y insiste pas ; j'ai seulement voulu montrer quel prodigieux effort il restait aux États-Unis à accomplir avant le succès final.

En débarquant à Manille, on comprend vite d'ailleurs combien doit être pénible, pour des Occidentaux, pour des Anglo-Saxons, la lutte à travers la brousse, sous un soleil impitoyable.

Certes, les troupes d'Aguinaldo sont redoutables : les Tagals sont braves, hardis, merveilleux tireurs, d'une activité extraordinaire, se déplaçant avec une rapidité vertigineuse ; mais le climat est un ennemi plus terrible encore et mieux que les balles, la fièvre, la dysenterie et l'insolation ont fauché dans les rangs américains.

A l'époque où j'étais à Luçon (avril 1899), le général Otis n'avait pas encore à sa disposition les troupes régulières qui lui furent adressés depuis; c'étaient les volontaires qui formaient presque exclusivement l'effectif.

Quels soldats !

Je vois encore ces grands gaillards, aux larges épaules, à la démarche souple, presque élégants sous leur blouse de khaki serrée à la taille, coiffés du large chapeau gris en feutre mou.

Il semblait qu'ils ne devaient faire qu'une bouchée de ces pauvres Philippins, si petits, si maigriots, avec leurs figures enfantines et leur air très doux.

Ah! bien, oui! les forts gaillards tombent comme des mouches sous les rayons meurtriers du soleil de feu, et les petits hommes, infatigables, courent, tête nue dans les rizières et à travers la brousse.

Est-ce à dire que les volontaires américains ne se battent pas avec vaillance? Non, certes; ce sont, au contraire, des aventuriers qui ne boudent pas au coup de feu; mais ils préfèrent incontestablement se livrer aux lucratives opérations du pillage.

Complètement indisciplinés, ne tenant aucun compte des ordres reçus, les volontaires s'en sont donné à cœur joie au début de la guerre. Partout où ils ont passé, les églises, les maisons particulières furent dévalisées, et les tombes mêmes ne restèrent pas à l'abri de la rapacité des envahisseurs.

Pour visiter les lignes américaines il me fallait obtenir une permission du général Otis. Je fus accueilli avec infiniment de courtoisie par le gouverneur général : c'est un homme de soixante à soixante-cinq ans, grand, mais un peu voûté, portant la barbe grise à la façon autrichienne. Le général Otis est peu expansif et parle avec une réserve d'autant plus complète qu'il paraît n'avoir rien à dire. Il se contente de m'affirmer que les Philippins ne lui font pas peur, qu'il ne redoute pour ses troupes que le soleil, et qu'après la saison des pluies, c'en sera vite fait de la conquête de l'archipel.

Autant de déclarations sans la moindre importance auxquelles les événements ont brutalement répondu.

S'il est vrai que les Philippins sont si peu redoutables, il faut que l'incapacité du commandant en chef américain dépasse les limites de la vraisemblance pour n'en être pas venu à bout : et dès lors serait tout à fait justifiée l'incroyable impopularité dont le général Otis fut l'objet aux États-Unis et sur le théâtre de la guerre.

Muni de la permission sollicitée, je m'empresse d'aller parcourir les villages voisins de Manille où eurent lieu les batailles les plus acharnées : Caloocan et Malolos.

Le pays est laid et désolé, les arbres sont rabougris et souffreteux, la verdure rare, les plantations maigres. Ajoutez à cela que les habitations ont toutes été brûlées, que les villages sont détruits, et qu'il en reste seulement des ruines fumeuses : le spectacle est vraiment lugubre.

J'aurais voulu ainsi poursuivre mon chemin en voiture jusqu'à Malolos : mais des tranchées de plus en plus fréquentes rendent la route impraticable ; il me faut retourner à Manille et faire usage du train militaire pour me rendre à l'ancienne capitale de la république philippine.

Le voyage est d'ailleurs pittoresque, en compagnie de volontaires désignés pour la relève.

Les campements sont installés de trois en trois kilomètres environ et le train s'arrête à chacun d'eux pour laisser des miches de pain, d'énormes quartiers de viande et des récipients d'eau ; au retour les wagons sont remplis de malades et de blessés qu'on évacue vers les ambulances de Manille.

Il est facile de se rendre compte que le système

d'occupation américain est tout à fait déplorable.

Chacun de ces campements, de deux ou trois cents hommes, peut être facilement surpris par les Philippins, excellents tireurs, habiles à se dissimuler dans la brousse et à se servir de tous les accidents de terrain. Toujours obligées de veiller, jamais tranquilles, sans repos pendant la nuit, les troupes américaines s'épuisent à pareil régime et la fièvre ne tarde pas à venir à bout des hommes surmenés.

En deux heures nous atteignons Malolos, le point extrême occupé par les Américains au moment de mon séjour à Manille (avril 1899). La petite ville est maintenant en ruines comme toutes celles que durent quitter, après une lutte acharnée, les troupes d'Aguinaldo.

Les Américains ont fait grand bruit de l'occupation de Malolos. Il leur conviendrait d'être plus modestes et d'avouer que pour des gens qui voulaient occuper l'archipel des Philippines tout entier, c'est un maigre résultat d'avoir poussé leurs lignes seulement à 28 kilomètres de Manille.

Notons en outre que, jusqu'à présent, la plus grande partie des opérations ont été dirigées le long de la ligne de chemin de fer qui va de Manille vers le nord, en passant par Malolos; dès lors, il était facile aux Américains de transporter les troupes, leurs approvisionnements, les munitions, l'eau potable et tous les impédimenta qu'entraine une expédition militaire. Mais la question sera étrangement compliquée lorsqu'il s'agira de conquérir l'intérieur de Luçon et des autres îles, car on se trouvera en face des difficultés qui nous furent fatales à Madagascar, et il sera presque impossible de trouver les porteurs indispensables aux transports. Réquisitionner les Philippins, il n'y faut pas songer, car ce serait amener un soulèvement général dans les régions déjà pacifiées. Faire venir des Chinois ? C'est peut-être cette solution que seront obligés d'adopter les Américains, et alors les dépenses ainsi occasionnées deviendront incalculables.

Toutes ces considérations préoccupent fort, on le conçoit, les hommes clairvoyants des États-Unis ; aussi ai-je trouvé chez M. Shurman, le président de la commission civile américaine, un grand désir d'arriver le plus rapidement possible à une solution pacifique.

M. Shurman laisse les généraux organiser, avec plus ou moins d'habileté, plutôt moins que plus, leurs expéditions militaires ; et, pendant ce temps-là, il s'efforce de négocier avec les Philippins influents qui n'ont pas quitté Manille et d'organiser un système capable de sauvegarder l'amour-propre des États-Unis et d'assurer dans une certaine mesure l'indépendance des Philippines.

J'eus avec M. Shurman une conversation fort intéressante, au cours de laquelle il m'expliqua son plan : doter les Philippines d'un régime analogue à celui du Canada vis-à-vis de l'Angleterre. Le Canada, comme on sait, est colonie britannique, mais jouit en définitive d'une autonomie presque complète. C'est le système que M. Shurman voudrait organiser à Manille.

— Une fois la souveraineté des États-Unis reconnue, me dit-il, nous serons tout disposés à faire de grandes concessions.

Cette souveraineté, la plupart des riches Philippins demeurés à Manille sont fort disposés à l'accepter.

J'ai eu des entrevues avec une dizaine d'entre eux, et partout j'ai rencontré une péoccupation dominante : terminer la guerre rapidement afin de sauvegarder les liens et de revoir une prospérité commerciale depuis fort longtemps compromise.

Mais les Philippins qui habitent Manille n'ont aucune influence sur les milliers d'indigènes qui suivent Aguinaldo et ont confiance en lui.

Aussi tous les pourparlers en faveur de la paix ont-ils échoués et M. Mac-Kinley qui, pour enlever son élection, promit la pacification des îles, en est réduit à publier des messages où la véritable situation est grossièrement travestie.

En réalité, les Américains en sont toujours à

batailler aux environs de Manille et les Tagals semblent de plus en plus décidés à conquérir l'indépendance qu'ils ont méritée par tant de vaillante opiniâtreté (1).

(1) L'auteur a largement étudié la question des Philippines dans un volume intitulé : *Aguinaldo et les Philippins*. (Librairie Léopold Cerf, un vol. 3 fr. 50.)

CHAPITRE IX

AU JAPON

Un journal japonais, préoccupé de la crise financière qui sévit dans l'empire du Mikado, proposait dernièrement un remède singulier : il faisait remarquer combien la Suisse avait su tirer parti de la beauté de ses sites, il rappelait les ressources qu'on pouvait trouver dans l'exploitation systématique des étrangers et terminait ainsi : « Tâchons d'attirer chez nous les millionnaires et les touristes en vantant les splendeurs de nos montagnes et les délices de nos plages ».

De là à constituer une société financière de publicité tapageuse et à lancer dans le monde entier des prospectus de réclame, il n'y a qu'un pas; l'idée est dans l'air et les Japonais sont gens à la réaliser.

Nous doutons toutefois qu'elle soit de nature à équilibrer les budgets du Nippon, car si la réclame en faveur du Japon devait suffire à y amener les touristes en foule, si l'exploitation des étrangers était une solution à l'embarras des finances, il y a longtemps que les caisses de l'Etat regorgeraient de richesses.

Quel pays au monde fut jamais célébré avec autant d'enthousiasme que le Japon ! Quel peuple fut plus adulé !

Poètes et romanciers de toutes les nations, écrivains et voyageurs rivalisèrent d'épithètes laudatives pour idéaliser aux yeux de l'univers les merveilles de la nature, la douceur du climat, la beauté des femmes, l'intelligence et la courtoisie des hommes.

Si bien que ce fut longtemps — que c'est encore, pour bien des gens, — un rêve, amoureusement caressé, d'aller un jour parmi les fleurs embaumées et les mousmés exquises, se griser des enchantements du ciel japonais.

Eh bien, il est grand temps, ce me semble, de mettre fin aux légendes et de brider des imaginations trop vagabondes. Que ceux qui souffriraient par trop de perdre leurs illusions s'en tiennent aux poèmes de M. Pierre Loti. Mais on doit la vérité aux autres et je crois fort utile de mieux informer le plus grand nombre sur la réalité des choses.

Je n'ai point la prétention, d'ailleurs, d'être le premier à entrer dans cette voie de sincérité un peu brutale : je m'applaudis au contraire de ce que, depuis plusieurs années, la vérité commence à se faire jour; certains lecteurs se souviendront peut-être d'avoir lu dans la *Grande Revue* un article fort remarquable de M. Félix Martin où déjà ils ont pu trouver sur le Japon et les Japonais des appréciations sévères.

C'est avec la même franchise que je voudrais m'expliquer à mon tour.

— Croyez-en ma vieille expérience, me disait un jour à Tokio un éminent diplomate, ne flattez jamais les Japonais et soyez persuadé que ce serait une mauvaise action de grandir encore par des louanges imméritées leur incommensurable orgueil.

****

J'ai trop souvent constaté l'excellence du conseil pour n'en point profiter à cette heure. C'est donc sans grande indulgence, mais aussi sans parti pris de dénigrement, que je m'efforcerai de résumer, en ces quelques pages, mes impressions de voyageur.

Si le pays, tout d'abord, m'a un peu désenchanté, ce n'est pas, je me hâte de le dire, pour les mêmes raisons qui indignent les amateurs de pittoresque à outrance.

Ceux-ci se désoleraient évidemment à la vue des poteaux de télégraphe et des fils téléphoniques ; ils entendraient avec désespoir les sifflements des locomotives ou les cornets avertisseurs des tramways électriques ; ils crieraient au scandale à la

rencontre de Japonais coiffés du chapeau melon et
de Japonaises odieusement attifées à la mode européenne.

J'ai trouvé, au contraire, grand intérêt à ces con-
trastes violents, à ce spectacle d'un peuple si curieux
rompant rapidement avec ses vieilles traditions,
ses préjugés séculaires, avide d'apprendre et d'imiter, assoiffé de réformes et de progrès ; ayant
réalisé, en somme, en moins de cinquante ans,
l'évolution que nous mîmes si péniblement tant de
siècles à accomplir.

D'ailleurs, il suffit de s'éloigner un peu des
grandes villes, des ports surtout, pour retrouver
bien vite un Japon très bon teint, les anciens costumes et les mœurs antiques ; à part la rencontre
trop fréquente de touristes anglais ou américains,
rien ne gâte plus la joie, si précieuse pour le voyageur, de goûter des sensations nouvelles.

Je n'ai certes pas l'intention, dans les limites
nécessairement étroites de ce livre, de faire un
récit de voyage et d'entrer dans le détail des excur-
sions où m'entraîna, pendant un mois, mon humeur
vagabonde. C'est seulement une impression d'ensemble que je voudrais apporter ici.

J'ai déjà dit mon désenchantement : mais il faut
reconnaître que la faute en est moins au pays lui-
même qu'à l'exagération des poètes dont nous
avons pris trop souvent les rêves pour des descrip-

tions, les contes pour de l'histoire, la fantaisie pour de l'observation.

Il faut même se méfier du mouvement de colère qui se produit dès qu'on constate ce malentendu : on risquerait de devenir injuste et de passer, hostile, devant des paysages qui ont leur charme et qui doivent dissiper toute méchante humeur.

Certes, Nagasaki, où nous prenons pour la première fois contact avec le sol japonais, répond insuffisamment à l'idée qu'on s'en fait par la lecture de *Madame Chrysanthème* ; ce n'en est pas moins un ravissant panorama qu'on a sous les yeux, en pénétrant dans cette baie profonde, semée d'îlots verdoyants aux formes bizarres, enfermée entre des collines coquettes où s'étagent les terrasses cultivées, les maisonnettes gracieusement éparpillées.

Nous éprouvons bien quelque déception à trouver les fleurs si rares ; nous songeons avec quelque mélancolie à nos vastes prairies où pâquerettes, bleuets, coquelicots et boutons d'or marient leurs nuances chaudes et variées : mais on nous affirme que c'est trop tard ou trop tôt d'arriver au mois de mai ; les cerisiers n'ont plus leur parure et les chrysanthèmes ne sont pas encore épanouis.

Je ne dirai pas que le Fuzi-yama mérite son universelle renommée ; sans aller plus loin, les cimes neigeuses du Dauphiné ont infiniment plus d'élégance et d'ampleur : mais ce cône gigantesque, qui parfois émerge des nuages et dresse vers le ciel sa blancheur éclatante, ne manque pas non plus d'une grandeur imposante.

Les ombrages de Nara peuvent-ils faire oublier la majesté, le charme pénétrant de nos immenses forêts du Morvan et du Berry ? Non point, mais ils ont quand même une exquise fraîcheur, et les cryptomerias, élégants et superbes en leurs envolées pleines de hardiesse, sont d'une incomparable beauté.

Les torrents qui descendent des hauteurs de Myanoshita ou qui dégringolent en cascades du lac Chuzenji, n'ont rien de si merveilleux que les gorges du Tarn, les rives du Viaur, les environs de la Grande-Chartreuse, les gorges du Fier et de la Boine, les sites les plus connus des Pyrénées et des Alpes ; est-ce à dire qu'ils ne méritent point le voyage et que je regrette les heures passées dans les sentiers silencieux qui s'élèvent dans les montagnes au sortir de Nikko.

Est-ce que, après avoir passé tant de journées inoubliables sur les bords des lacs suisses, après avoir connu les féeriques splendeurs du Königsee en Bavière, on peut se pâmer d'admiration devant le lac d'Hakone et les autres lacs du Japon ? Evidemment non ; mais ceux-ci ont bien aussi leur charme et je garde un souvenir attendri de ce petit lac de Yumoto si joliment endormi entre ses rives gracieuses aux tons roses et mauves d'une douceur infinie.

Pousser plus loin les comparaisons, ce serait peut-être dépasser le but que je me propose, et je ne voudrais point paraître dénigrer systématiquement alors que mon seul souci est de rester équitable et sincère.

En quittant Yokohama, j'avais quelque inquiétude à ce sujet et je me demandais si la nostalgie de la France, après six mois d'absence, ne me rendait pas trop partial : mais sur le paquebot de retour, tous les touristes étaient unanimes dans leurs appréciations, tous proclamaient que les plus beaux sites du Japon restent très inférieurs à ce qu'ils avaient admiré en Europe.

Tous aussi partaient avec une antipathie profonde pour les Japonais.

Physiquement d'abord, ils inspirent à l'Européen une certaine répugnance ; ces teints olivâtres, ces peaux marbrées de taches inquiétantes, ces front fuyants, ces regards obliques constituent une laideur à laquelle on ne peut s'habituer ; ils sont presque tous chétifs, à l'exception des coureurs aux mollets musclés, et s'ils ont la propreté du corps, elle est par trop dissimulée sous des oripeaux sordides.

On dirait qu'ils se plaisent à se rendre ridicules

par d'extraordinaires combinaisons des modes
japonaises et européennes; rien de plus grotesque
que ces chapeaux melon venant compléter de
façon si imprévue le Kakimono national.

Et les femmes ?

Ah ! que j'en ai reçu de ces lettres d'amis qui
me parlaient avec une nuance de jalousie de mon
heureuse fortune.

« Vous êtes, disaient-ils, au pays des mousmés :
aurez-vous le courage de nous revenir bientôt ? »

Courage facile, dois-je dire, au risque de porter
une main sacrilège sur les gracieuses légendes qui
hantent l'imagination des amoureux d'exotisme.

Pourquoi faut-il que ce joli nom de mousmés
me soit gâté par le souvenir de ces petites poupées
ridicules et contrefaites, aux yeux bridés dans des
figures trop grasses, au nez écrasé entre des joues
bouffies : le tout surmonté d'une coiffure trop
savante où les cheveux cirés et collés ensemble ne
forment plus qu'une masse noire et disgracieuse !

Agenouillées en des poses hiératiques dans les
cages illuminées du yoshiwara, habillées de robes
joliment brodées, soigneusement peintes et fardées, elles ont encore, les pauvrettes, une saveur
étrange qui peut retenir et charmer.

Mais qu'elles se mettent en marche ! les voilà
tout à fait déplaisantes : grimpées sur des socles
de bois, elles avancent, les genoux pliés, les

jambes cagneuses, la croupe proéminente, le dos déformé par l'horrible coussin large et épais qui tient lieu de ceinture.

Ne poussons pas plus loin l'indiscrétion! Sans quoi les bains publics, où hommes et femmes se livrent ensemble et sans le moindre voile aux plus intimes détails de toilette, nous fourniraient sur l'anatomie des mousmés des renseignements plus déplorables encore.

Disons-le en passant; malgré la pruderie gouvernementale qui va jusqu'au ridicule (n'a-t-on pas récemment interdit à Tokio la vente de l'ouvrage *Le Nu au Salon*, d'Armand Silvestre), la pudeur est un instinct complètement étranger aux Japonais et aux Japonaises : nulle part cependant elle ne serait plus nécessaire, du moins au point de vue esthétique.

Les Japonais compensent-ils, par leurs qualités intellectuelles et morales, ces imperfections physiques dont il serait d'ailleurs injuste de leur tenir rigueur? Ici encore je dois à la vérité de dire que tel n'est pas mon avis.

Sans doute les Japonais ont une incomparable faculté d'assimilation; ils se sont adaptés à la civilisation moderne avec une rapidité merveilleuse; ils ont appliqué chez eux toutes les grandes découvertes avec un louable empressement. Des professeurs, des médecins, des magistrats, des ingénieurs se sont formés en toute hâte ; ils ont imité les procédés industriels avec l'ingéniosité de véritables contrefacteurs.

Et quelle ardeur ils mirent à se débarrasser au plus vite de leurs instructeurs ! Empressés à accueillir les institutions occidentales, leur désir n'était pas moins intense d'échapper à la sorte de tutelle qui s'exerçait sur eux.

Et partout, peu à peu ils surent écarter l'élément étranger de leurs propres affaires. Actuellement tous leurs chemins de fer sont entre leurs mains, capitaux et exploitation ; tous les grands travaux sont confiés à leurs ingénieurs, tous les grands cuirassés sont sous les ordres d'officiers japonais.

Ce n'est point, bien entendu, un blâme que j'exprime, mais seulement une constatation.

Les Japonais veulent être maîtres chez eux ; rien de plus légitime : il s'agit seulement de savoir si ce patriotique empressement n'a pas porté à l'industrie, notamment, de graves préjudices.

De grandes usines étaient nées, qui fonctionnaient admirablement, dirigées par des ingénieurs européens : un beau jour les Japonais, pleins de confiance en eux-mêmes, après avoir patiemment observé et étudié, se crurent assez forts pour se passer du concours des étrangers ; des ingénieurs indigènes remplacèrent brusquement les ingénieurs européens.

Or, depuis ce temps, bien des machines se sont dérangées, bien des rouages ont été détraqués, bien des réparations sont devenues nécessaires ; et les Japonais, trop orgueilleux pour l'avouer, regrettent un peu leur précipitation dans l'application d'une formule qui fait merveille sur les programmes politiques : « Le Japon aux Japonais. »

C'est que, dès qu'il ne s'agit plus seulement de copier, mais que l'initiative devient nécessaire, les Japonais restent d'une infériorité absolue.

Le génie créateur leur manque absolument. A défaut de tant d'autres observations qui le démontrent, il suffit, pour en constater l'absence, de contempler les pauvretés architecturales dont ils sont seulement capables. Anciens ou modernes, leurs temples témoignent de conceptions étriquées et si parfois on est séduit par la joliesse d'un détail, par le pittoresque d'une décoration, par l'harmonieux arrangement des couleurs, on constate toujours que les grandes lignes manquent d'ampleur et d'envolée.

C'est un art mesquin où la patience s'affirme bien plus qu'un goût véritable. Nulle part on ne trouve la trace de ces élans merveilleux qui firent jaillir de notre sol les splendeurs des nefs gothiques, qui dressèrent sur l'Acropole les blancheurs sublimes du Parthénon, qui édifièrent aux confins de l'Indo-Chine les prodigieuses galeries d'Angkor.

De cette infériorité, les Japonais n'ont point conscience et, comme je le disais plus haut, leur orgueil est infini. Surtout depuis la guerre de 1895, ils ont pris d'eux-mêmes une opinion si haute qu'ils deviennent insupportables de puérile vantardise.

Dès l'âge le plus tendre, les jeunes Japonais reçoivent dans leur famille et à l'école un enseignement déplorable où ils prennent en même temps que l'idée de la supériorité de leur race, la haine et le mépris des étrangers.

On comprendrait à la rigueur que le peuple, ignorant et fanatique, laissé très en arrière de la civilisation superficielle dont se targuent les classes dirigeantes, ait gardé, des vieilles traditions, la haine farouche des étrangers : mais il est odieux que les instituteurs de la jeunesse soient les plus ardents à maintenir ces préjugés barbares dans les âmes enfantines.

Dans toutes les villes du Japon, l'Européen risque d'être insulté : souvent toutefois il peut impunément traverser la foule ; mais jamais il ne passera près d'une troupe d'écoliers sans recevoir des outrages.

Cette constatation-là, tous les écrivains qui ne furent pas seulement des flatteurs l'ont faite avant moi, et M. Félix Martin, dans son très intéressant ouvrage, rapporte en la confirmant cette remarque de Jean Dhasp :

« Dans une rue de Tokio un jeune Japonais, mis avec une certaine recherche vous toise en passant d'un air insolent et vous l'entendez murmurer des injures à l'adresse des étrangers ; il n'y a pas d'erreur possible : c'est un étudiant ! » M. Félix Martin, dans l'article auquel je fis allusion, cite de nombreux faits qui démontrent à quel point est cultivé dans l'âme japonaise la haine de l'étranger : je n'y insiste pas, car je crois que personne ne s'élèvera contre une telle affirmation. D'ailleurs, les hommes politiques japonais qui sont assez perspicaces pour voir le danger et assez courageux pour le dénoncer, ne se font pas faute de dire combien est déplorable le système d'éducation que reçoivent les enfants dans les écoles. »

Il suffit à cet égard de citer un passage d'un superbe discours prononcé par le marquis Ito en 1897 (1) :

« Il est hors de doute, s'est-il écrié, que dans toutes les écoles du Japon, on cultive un esprit étroit et hostile aux étrangers, et plus nous allons et plus ces déclamations contre les Européens augmentent d'intensité....

» Aussi je demande une réforme complète de notre système scolaire et je proteste contre l'enseignement à notre jeunesse, d'un patriotisme étroit

---

(1) Félix Martin, *Le Japon vrai*, 1898.

et de mauvais aloi. Il faut déraciner l'esprit anti-
étranger des dernières années. »

De telles paroles honorent l'homme politique qui
les a prononcées : mais je doute fort de leur efficacité et tous les Européens qui résident au Japon
sont persuadés qu'elles resteront lettre morte.
Aussi, lors de mon passage, envisageaient-ils avec
une vive appréhension la prochaine mise en vigueur
des traités que le Japon a passés avec toutes les
grandes puissances.

Comme, vraisemblablement, nous aurons avant
peu des incidents diplomatiques dus à l'application
de ces traités, il n'est pas inutile, je pense, de
revenir sur cette question et de l'exposer aux lecteurs le plus brièvement possible.

Il y a trois ans que les traités en question ont été
signés : c'est le 4 avril 1896 que les signatures
furent notamment échangées entre M. Hanotaux,
alors ministre des affaires étrangères, et M. Sone
Arasuke, envoyé extraordinaire du gouvernement
mikadonal auprès de la République française.

Bien qu'il s'agisse d'un acte qualifié de « traité
de commerce », il est bien évident que les préoccupations commerciales étaient loin d'être prédomi-
nantes lors des pourparlers longs et difficiles qui
précédèrent la signature. Cela explique sans doute,
sans toutefois l'excuser, la négligence de nos diplomates qui — cela est indiscutable — n'ont point

compris les conséquences néfastes des clauses acceptées par eux, conséquences contre lesquelles ont d'ailleurs énergiquement protesté toutes les industries françaises intéressées.

Cela m'entraînerait trop loin d'entrer dans cet ordre d'idées : mais une seule constatation pourra donner la mesure du soin qu'apporta la diplomatie française à la défense de nos intérêts commerciaux. Croirait-on qu'on a — légère distraction — oublié de stipuler le régime fait à l'avenir à nos alcools et à nos liqueurs, c'est-à-dire à notre plus importante denrée d'exportation.

Il en résulte que les droits de douane sont formidables, laissés à la discrétion des Japonais, et que déjà plusieurs maisons françaises renoncent à continuer leurs affaires.

Mais c'est surtout au point de vue de la situation faite aux personnes que les nouveaux traités peuvent avoir les plus déplorables conséquences.

Jusqu'ici les étrangers, installés dans certains quartiers des grandes villes, sur des concessions accordées par le gouvernement mikadonal, étaient uniquement soumis à la juridiction consulaire ; ils ne pouvaient être inquiétés par la police japonaise et n'avaient point à soumettre leurs procès aux tribunaux du Nippon.

Les Japonais étaient profondément blessés dans leur amour-propre, d'un pareil état de choses :

« Nous sommes civilisés, disaient-ils ; nous avons des lois, des codes et des tribunaux. Pourquoi conserver un régime seulement nécessaire dans les pays où les étrangers auraient à souffrir de la barbarie des coutumes. Au lieu de fermer nos frontières, d'interdire le séjour aux étrangers, ailleurs que sur certaines concessions, d'exiger des passeports, nous ouvrirons nos portes, nous imiterons les grandes nations, nous userons des mêmes règles internationales.

» En échange de quoi, nous demandons aux étrangers de nous considérer comme un peuple civilisé vis-à-vis duquel il n'y a pas à prendre de précautions spéciales, nous leur demandons de se soumettre à l'avenir à la juridiction de nos tribunaux, à l'autorité de notre police. »

Ainsi parlaient depuis vingt-cinq ans les diplomates japonais : ils sont arrivés à leurs fins, grâce à de fâcheuses rivalités.

L'Angleterre céda la première, espérant avoir conquis les bonnes grâces du Japon et comptant en tirer profit ; les États-Unis, l'Allemagne, la Russie suivirent : la France signa la dernière. Pouvait-elle résister seule ? c'était bien difficile, et la responsabilité de tout cela retombe sur tous : si les grandes puissances au lieu de traiter séparément et de chercher à se jouer les unes les autres, avaient été d'accord pour résister aux prétentions japonaises, elles ne se seraient pas laissé duper par la diplomatie orientale.

Les Japonais triomphent largement maintenant et ne dissimulent pas qu'ils ont habilement exploité notre candeur.

Il suffit, en effet, d'étudier d'un peu près le texte même du traité pour se rendre compte que nous avons accordé aux Japonais infiniment plus qu'ils ne nous ont concédé.

Après la lecture superficielle de l'article 1er et de l'article 4, on pourrait croire à une égalité de traitement; ces articles, en effet, sont ainsi conçus :

« Art. 1er. — Les Français au Japon et les Japonais en France jouiront de la plus complète et constante protection pour leurs propriétés.

» Ils pourront réciproquement, dans toute l'étendue des États et possessions respectifs, voyager, résider, se livrer à l'exercice de leurs professions, acquérir, posséder, et transmettre par succession, par testament, donation ou de toute autre manière que ce soit, des biens, valeurs et EFFETS MOBILIERS de toutes sortes; ils jouiront, à cet effet, des mêmes privilèges, libertés et droits que les nationaux ou les ressortissants de la nation la plus favorisée, sans pouvoir être tenus à acquitter des impôts ou taxes autres ou plus élevées.

. . . .

» Art. 4. — Les ressortissants de chacune des parties contractantes pourront, en quelque lieu que ce soit des États et possessions de l'autre partie, exercer toute espèce d'industrie ou de métier, faire le commerce.....; ils pourront y posséder, louer, même par bail emphytéotique, et occuper les maisons et boutiques qui leur seront nécessaires, louer des terres, les prendre à bail emphytéotique à l'effet d'y résider et d'y exercer leur profession ; le tout en se conformant, comme les nationaux eux-mêmes et les ressortissants de la nation la plus favorisée, aux lois et règlements des pays respectifs.

» Il est entendu que, en tout ce qui concerne l'agriculture et LE DROIT DE PROPRIÉTÉ SUR LES BIENS IMMOBILIERS, les Français au Japon et les Japonais en France jouiront du même traitement que les sujets ou citoyens de la nation la plus favorisée. »

De la juxtaposition de ces deux textes, on voit ressortir immédiatement la distinction entre ce qui concerne la propriété des effets mobiliers et le droit de propriété sur les biens immobiliers.

Et de cette distinction il résulte aussitôt une inégalité choquante entre le traitement accordé aux Japonais en France et le traitement accordé aux Français au Japon.

Un Japonais en France peut, en effet, acquérir, de la façon la plus absolue et sans la moindre réserve, aussi bien des immeubles que des meubles, aussi bien des terres que des valeurs de bourse. Son droit de propriété n'est soumis à aucune restriction.

Au Japon, au contraire, un Français pourra seulement acquérir des meubles; il n'aura jamais sur les immeubles un droit de propriété complet.

Ce serait, ont dit les diplomates japonais, trop contraire aux traditions du pays, ce serait heurter trop vivement le sentiment national que de concéder pareil droit à des étrangers.

Soit! mais il fallait attendre alors que ces traditions cessent de subsister, que ce sentiment national s'atténue avant de prétendre se mettre au rang des nations tout à fait civilisées.

Et c'est précisément parce que tous les résidents européens connaissaient les traditions japonaises et le sentiment national qu'ils ont accueilli avec indignation l'article 21 et l'article 23 des traités.

Le premier déclare que « les divers quartiers étrangers qui existent au Japon seront incorporés aux communes respectives du Japon et feront, dès lors, partie du système municipal du Japon. Les autorités japonaises compétentes assumeront en conséquence toutes les obligations et tous les devoirs municipaux qui résultent de ce nouvel état de choses, et les fonds et biens municipaux qui pourraient appartenir à ces quartiers seront de plein droit transférés aux dites autorités japonaises. »

L'article 23 est ainsi rédigé : « La juridiction française au Japon et les privilèges, exemptions ou immunités dont les Français jouiraient en matière juridictionnelle seront supprimés de plein droit et sans qu'il soit besoin de notification, du jour de la mise en vigueur du présent traité; et les Français seront dès lors soumis à la juridiction des tribunaux japonais. »

Les différents traités avec les puissances européennes et les États-Unis contiennent des clauses analogues.

Et tous les blancs protestent maintenant et disent qu'ils sont livrés sans défense aux tracasseries policières et à l'arbitraire des juges japonais. Ils prétendent qu'il leur sera toujours impossible d'obtenir justice, dès qu'ils seront en conflit avec un indigène, que jamais les magistrats ne donneront raison à un « barbare » contre un de leurs compatriotes.

Tel n'est pas seulement l'avis des commerçants, des simples résidents; c'est aussi l'avis des diplomates, des consuls qui connaissent le mieux le caractère des Japonais.

Un ancien consul français à Yokohama, M. Klolukowski, s'exprime ainsi à ce propos dans son ouvrage : *Le Japon contemporain.*

« D'un bout de l'année à l'autre la personne et les biens de l'étranger seront exposés à des vexations continuelles et bien pénibles, car il restera seulement aux agents accrédités une sorte de droit de remontrance que son inefficacité ne tardera pas à rendre ridicule. »

Et comme malgré tout j'étais un peu surpris de ces appréciations pessimistes, que je voyais un peu d'exagération dans les plaintes, dans l'angoisse même des résidents étrangers à la veille de la mise en vigueur des traités, je demandais son avis à un personnage qui est en même temps un habile diplomate, un observateur sagace et sensé :

« Oui, me dit-il, les étrangers ont raison de redouter la juridiction dès tribunaux japonais. Sans doute, pendant les premiers mois, les magistrats s'efforceront de faire preuve d'impartialité : mais le naturel reprendra vite le dessus.

» Il ne faut point juger les cerveaux japonais d'après les nôtres, et ce serait une grave erreur que d'attendre d'eux la justice, au sens abstrait du mot. Ils sont trop loin d'en avoir la conception exacte.

» Prenez le magistrat japonais le plus éclairé, le plus honnête, le moins capable de se laisser corrompre : c'est l'oiseau rare, mais il n'est pas impossible de le rencontrer. Supposez cet homme décidé à faire tout son devoir. Toute la question sera de

savoir quelle idée il se fait de son devoir. Or, je
vous l'affirme, à de rares exceptions près, ces magistrats, vertueux par hypothèse, croient que leur
devoir est de toujours donner tort à un étranger;
ils penseraient trahir la patrie en donnant raison à
un plaideur européen contre un de leurs compatriotes.

» Que voulez-vous espérer d'hommes qui ont
une telle conception de la justice et une telle idée
de leurs devoirs ! »

J'avouai tout de suite que cela me paraissait peu
rassurant et que cet aperçu des cas de conscience
qui peuvent agiter l'âme d'un magistrat japonais
me semblait assez redoutable pour les plaideurs
européens.

Je sais bien que le Mikado lui-même a pris soin
dernièrement, quelques jours avant cette date du
17 juillet, stipulée pour le commencement de l'ère
nouvelle, de donner à ses sujets des indications
précises.

Et voici en quels termes est rédigé le rescrit
impérial :

« Gouvernant notre empire suivant les enseignements de nos ancêtres, nous avons réussi à
assurer la prospérité de notre peuple au dedans, en
même temps que nous établissions des relations
d'étroite amitié avec les nations étrangères. C'est
pour nous une source de joie sincère de constater

qu'après une longue suite de négociations, nous sommes arrivés enfin à une entente avec les puissances, et que bientôt va être inaugurée la revision des traités.

» L'espoir que nous avons si longtemps caressé est aujourd'hui, en effet, sur le point de devenir un fait accompli. Ce changement de régime augmentera les responsabilités qui nous incombent pour le gouvernement de notre empire, mais il contribuera beaucoup aussi à fortifier les bonnes relations que nous entretenons avec les peuples étrangers.

» C'est notre volonté absolue que nos sujets, dont nous connaissons le zèle à remplir leurs devoirs, se conforment strictement à nos vues dans cette matière. De cette façon, l'ouverture de la contrée à tous les étrangers qui doivent y être cordialement reçus, honorera grandement notre peuple et augmentera le prestige de notre empire.

» En vue des responsabilités qui nous incombent, quant à la mise en vigueur des nouveaux traités, nous désirons que nos ministres d'État, agissant en notre nom, lancent des instructions à nos fonctionnaires de tous ordres leur enjoignant d'apporter le soin le plus vigilant à l'administration des affaires, afin que les étrangers et nos nationaux jouissent des mêmes avantages, et, toute source de désaccord étant désormais tarie, les relations de paix et d'amitié avec toutes les nations soient établies désormais sur des bases indestructibles. »

Il n'y a certes rien à reprendre à pareil langage et nous applaudissons volontiers aux sentiments qui l'ont inspiré. Il est tout naturel que le souverain asiatique manifeste sa satisfaction en constatant le succès d'efforts ininterrompus pendant plus de vingt ans, et nous le croyons très sincèrement désireux d'éviter à l'avenir tous les conflits qu'il paraît redouter.

Nous comprenons à merveille que le Mikado soit fier de voir le Japon définitivement prendre place dans le concert des grandes nations civilisées et libres ; et nous devons à la vérité de reconnaître, en outre, que la presse japonaise, presque unanimement, agit de son mieux pour faire pénétrer dans la masse des lecteurs les instructions du souverain. Il est également certain que les ministres ont fait preuve de bonne volonté en exécutant avec empressement les ordres reçus, et en lançant, dans les diverses administrations, des circulaires énergiques.

Mais tout cela sera-t-il suffisant pour venir à bout des préjugés si fortement enracinés et pour transformer aussi brusquement qu'il le faudrait l'état d'esprit que nous constatons plus haut ?

Pour le penser, il serait nécessaire d'attribuer à l'autorité impériale une puissance qu'elle est loin d'avoir, s'il est vrai, comme tout l'indique, qu'elle diminue au contraire de jour en jour.

Et nous voilà tout naturellement amenés à examiner précisément ce qu'est devenu, à notre époque, le prestige presque divin qu'exerçaient jadis sur leurs sujets les ancêtres de Mutsa-Hito.

Jadis le Mikado apparaissait comme un être d'une essence tout à fait supérieure à l'humanité, comme un descendant direct d'Amaterasu, la déesse du soleil, de laquelle il était censé posséder presque tous les attributs divins.

C'était l'incarnation de la Divinité elle-même : dans les écoles, des offrandes étaient déposées devant l'image du souverain comme devant celle du Bouddha ; la légende disait qu'un simple mortel ne saurait, sans mourir, supporter la vue de la Majesté Impériale.

Que nous sommes loin déjà de ces antiques croyances ! J'ai pu m'en rendre compte, un heureux hasard m'ayant permis d'assister, à Yokohama, aux courses annuelles organisées par la colonie étrangère.

Sa Majesté avait promis d'honorer le champ de courses par sa présence, imitant en cela, comme en beaucoup d'autres choses, les exemples à lui donnés par les souverains et chefs d'États européens. A Yokohama, on fit de grands préparatifs de fête : des arcs de triomphe furent dressés, des mâts plantés, des drapeaux, des oriflammes arborés : le long des maisons couraient des guirlandes de fleurs et de verdure, et aussi des enfilades de lanternes, de ballons et de lampions. Décidément toutes les réjouissances officielles se ressemblent et, sous toutes les latitudes, demeurent aussi banales.

Le souverain devait arriver de Tokio par le train de onze heures du matin, et dès les premières heures du jour la population est sur pied. Les groupes se forment et se massent tout le long du parcours suivi : la jeunesse des écoles est au grand complet, des délégations diverses sont à leur poste et devant la gare stationne un landau doré d'assez mauvais goût, attelé de deux chevaux noirs.

Rien de curieux comme d'observer la foule : les petites filles des écoles sont amusantes avec leurs robes bariolées, leurs figures rondelettes où les yeux tiennent si peu de place dans les faces joufflues, leurs énormes ceintures et leur coiffure étrange. Il y a aussi les dames de la Croix-Rouge, tout habillées de blanc, coiffées d'une sorte de bonnet de police, blanc également, la poitrine agrémentée d'une grande croix de laine rouge ; les collégiens sont, comme de coutume, bruyants et moqueurs ; quant aux lanciers de l'escorte, ils portent presque exactement l'uniforme français; on dirait un peu d'une bande de singes qui aurait dévalisé un magasin d'habillement.

La police est à bicyclette! parfaitement! tout comme chez nous, et de zélés commissaires, au teint citron, parcourent hâtivement les rues, dégagent la chaussée et donnent le coup d'œil suprême. Ils veillent surtout à ce que personne ne prenne place sur les terrasses ou balcons des hôtels, car l'étiquette est sur ce point tout à fait formelle.

Nul ne peut être au-dessus de Mikado, nul ne doit le dominer et les spectateurs doivent être placés toujours en contre-bas. Les appareils photographiques sont aussi sévèrement interdits. Ces prescriptions ne vont pas sans quelque mécontentement de la part des touristes qui veulent engager des discussions avec les policiers: mais les gérants des hôtels interviennent fournissant les explications nécessaires, calmant les grincheux, apaisant les autorités, et tout s'arrange.

Enfin le canon tonne, des salves sont tirées sur tous les vaisseaux japonais ou étrangers qui sont à l'ancre dans le port; les lanciers de l'escorte arrivent au grand trot, et le Mikado parait, assis dans le landau découvert, avec, en face de lui, un vieux ministre à barbiche blanche.

Matsu-Hito est en uniforme de général d'infanterie en petite tenue: sa laideur est extrême. A

grand'peine il essaye de sourire et les petits yeux
bridés disparaissent complètement dans une face
très plate et très blafarde, agrémentée de longs
poils noirs en broussailles : la déesse du soleil a là,
décidément, un bien vilain rejeton.

Jadis, je le disais tout à l'heure, nul ne pouvait
soutenir l'éclat de la majesté souveraine et tous
devaient, sur le passage, se prosterner le front
dans la poussière : sage précaution qui permettait
aux fidèles sujets de s'illusionner sur la splendeur
du maître.

Mais, à cette heure, les Japonais regardent passer le Mikado avec une extrême indifférence : pas
un cri, pas un vivat, pas une inclinaison de tête.

Le comble ! des policiers sont obligés d'inviter
quelques spectateurs à se découvrir.

Au champ de courses, le Mikado descend de voiture, il s'installe aussitôt dans la tribune qui domine
les divers bâtiments du pesage et assiste aux épreuves avec un certain intérêt : il aime beaucoup les
chevaux, me dit-on.

La dernière course terminée, Matsu-Hito remonte dans son landau et reprend la route de la
gare sans soulever, en traversant la foule, plus
d'enthousiasme qu'à l'arrivée.

Et voilà tout ce qui reste des anciennes coutumes, des fastueuses splendeurs de cette cour
asiatique.

Quelques jours après, j'assistai aussi, de façon tout imprévue, à l'arrivée de l'impératrice à Yokohama : la souveraine venait présider une réunion de la Croix-Rouge, et les singulières petites bonnes femmes en blanc, dont je parlais plus haut, l'attendaient à la gare.

J'étais sur le quai quand elle descendit du simple compartiment de première classe d'un train nullement officiel.

Est-ce bien là, Seigneur ! celle que Pierre Loti, emporté par sa généreuse imagination, nous dépeignit un jour en l'appelant du si joli nom d'« impératrice Printemps ».

Hélas ! la malheureuse est, si possible, encore plus laide et plus disgracieuse que les mousmés du commun.

Celles-ci ont au moins gardé le costume national qui leur donne un certain cachet et les rend pittoresques ; mais l'impératrice est vêtue à l'européenne et porte de la façon la plus embarrassée une robe de satin bleu saphir avec une petite capote de même couleur.

Elle défile, suivie quelques dames d'honneur également fagotées ; on s'incline silencieusement sur son passage : et c'est tout.

Certes, ces mœurs démocratiques sont loin de me déplaire, et j'en félicite au contraire très sincèrement le peuple japonais ; je n'en tire d'autre conclusion que celle du début : c'en est fait, au Japon, du prestige religieux qui entourait jadis la Majesté impériale et l'autorité personnelle du Mikado pèserait d'un faible poids dans les futures crises politiques.

Dans le même ordre d'idées, un incident significatif qui s'est produit il y a quelques mois mérite d'être rapporté.

A la Chambre des députés, le ministre de l'instruction publique était à la tribune pour discuter je ne sais quel projet de loi.

Mais en développant son argumentation il fut amené à faire une hypothèse qui débutait par ces simples mots : « Si un jour nous avons la République !... »

Le scandale fut grand, et l'indignation tapageuse ; les députés poussaient des cris de protestation, et la presse fut unanime à flétrir ce crime de lèse-majesté : le malheureux ministre, responsable seulement vis-à-vis du Mikado, fut aussitôt mis à pied. Tout cela n'empêche pas que l'hypothèse a été produite, et qu'elle dénote, dans certains milieux, des préoccupations, des conceptions plutôt alarmantes pour l'avenir de la dynastie.

Peut-être trouvera-t-on, en France, l'incident puéril. Je ne le rapporte que comme un symptôme, mais un symptôme, à mon avis, bon à retenir pour l'observateur perspicace.

La création récente d'un nouveau parti, le *Ka-koumin Kyokwaï*, est un symptôme non moins significatif.

Dans le manifeste qu'il adresse au pays ce parti s'exprime ainsi :

« La Constitution a déterminé très nettement les droits et les devoirs de chacun dans l'organisation de l'Etat. Le nouveau parti fera tous ses efforts pour mettre régulièrement en œuvre les divers ressorts de la vie publique et de la nation. C'est pourquoi, tout d'abord nous voulons que le souverain soit respecté et que personne ne cherche à lui retirer la plénitude de ses pouvoirs et de ses privilèges. Nous n'oublions pas, en effet, que c'est à l'Empereur seul qu'il appartient de nommer et de révoquer ses ministres, et le *Kakoumin Kyokwaï* veillera à ce qu'il ne soit jamais porté atteinte à cette prérogative essentielle du souverain. »

La presse japonaise a fort mal accueilli ce manifeste et a fait ressortir qu'il insistait de façon trop inopportune sur l'importance qu'il y a à sauvegarder contre toute atteinte les droits du souverain.

« On croirait vraiment, à lire ce manifeste, disent nos confrères d'Extrême-Orient, qu'il y a actuellement, parmi certaines gens, une tendance bien arrêtée à menacer les privilèges impériaux et à violer gravement l'esprit de la Constitution. »

Et les officieux d'ajouter qu'une telle manière de voir n'est pas seulement dénuée de tout fondement, mais qu'elle est aussi très dangereuse à exprimer au grand jour avec une maladroite insistance.

« Jamais, affirment-ils pourtant, le sentiment de loyalisme envers l'Empereur n'a été aussi ardent. »

Voilà des arguments bien contradictoires, et si le loyalisme envers le souverain est indiscutable, pourquoi donc est-il dangereux d'en parler et pourquoi le *Kakoumin Kyokwaï* a-t-il jugé nécessaire de soulever la question?

La vérité, c'est que le nouveau parti a fait l'enfant terrible et qu'on lui reproche amèrement d'avoir parlé tout haut d'un danger dont chacun convient tout bas.

La vérité, c'est que le Japon traverse en ce moment une crise politique dont il serait puéril de nier l'importance. Sans vouloir entrer dans les détails compliqués des crises ministérielles et des querelles de partis, réduites en résumé aux compétitions ambitieuses de quelques personnages, je voudrais indiquer en quelques mots ce qui me paraît constituer la plus grande menace pour la tranquillité intérieure du Japon.

Évidemment, comme nous le disions plus haut, l'évolution qui s'est produite au Japon depuis cinquante ans est prodigieuse, sans précédent dans l'histoire des peuples.

Mais il en est résulté manifestement un déséquilibre complet dans les institutions et surtout un trouble profond dans l'esprit des masses.

Cette marche formidable et hâtive dans la voie de la civilisation s'est produite sous la poussée de quelques hommes de haute valeur comme le marquis Ito, suivis par une clientèle relativement peu nombreuse de jeunes gens bien doués et rapidement initiés aux choses européennes ; mais l'ensemble de la nation n'a pu, cela est certain, se hausser si vite au niveau de civilisation où la plaçaient soudain des réformes précipitées.

L'abîme s'est donc creusé de plus en plus profond entre les classes dirigeantes et la foule demeurée ignorante. Il en résulte un manque de cohésion qui peut, qui doit entraîner à un moment donné des troubles funestes, des révolutions menaçantes.

Alors que, chez les nations européennes, l'organisation gouvernementale paraît retarder sur la marche ascendante des peuples (n'est-il pas surprenant de rencontrer encore des monarchies absolues dans le Vieux Monde), au Japon, au contraire, la transformation des rouages gouvernementaux et administratifs a dépassé de beaucoup l'évolution normale du progrès parmi les masses populaires.

Le peuple, on l'a vu plus haut, a perdu la

Erreur d'imposition

croyance en l'origine divine du Mikado ; on l'a brusquement arraché à la toute-puissance des Daïmios.

Quel culte adoptera-t-il à la place? Quelle autorité reconnaîtra-t-il demain?

C'est le secret de l'avenir.

Certes, il est infiniment probable que, au Japon comme partout ailleurs, l'inéluctable influence des phénomènes économiques se fera sentir et que l'entrée en jeu du socialisme deviendra le facteur décisif qui réglera un jour ou l'autre la destinée du pays.

Mais le mouvement socialiste, qui est encore très rudimentaire au Japon, n'est pas arrivé à un développement suffisant pour qu'on en tienne compte à l'heure actuelle dans l'examen de la situation politique.

Il ne faut pas confondre l'agitation qui s'est plusieurs fois manifestée avec violence dans certaines grèves, avec l'organisation d'un parti pouvant efficacement agir, et imprimer une direction aux masses prolétariennes.

Quelle forme celles-ci donneront-elles à leurs revendications? quel courant d'opinion se manifestera à l'heure de la crise menaçante? Il est, je le répète, extrêmement malaisé de le prévoir.

D'autant plus qu'on discute présentement une nouvelle loi électorale dont le vote n'est pas douteux et qui va augmenter dans d'énormes proportions le nombre des électeurs.

Le cens exigé pour l'électorat va être sérieusement réduit. Au lieu de 15 yens (le yen vaut 2 fr. 55) de contributions directes actuellement exigés pour l'électorat, le projet prévoit qu'il suffira, pour être électeur, de payer 5 yens d'impôt foncier, ou 3 yens d'impôt sur le revenu, ou 3 yens de patente communale.

On estime généralement que ce changement portera à plus de 2 millions le nombre des électeurs qui n'étaient jusqu'ici que de 500.000.

Ces 2.110.000 électeurs seraient ainsi répartis :

1.480.000 payant 5 yens d'impôt foncier.
460.000 payant 3 yens de patente.
170.000 payant 3 yens d'impôt sur le revenu.

Ce sont donc surtout les électeurs ruraux dont le nombre sera considérablement augmenté.

La nouvelle loi projette aussi de remanier les circonscriptions électorales, qui seront considérablement agrandies afin de donner moins de prise à la corruption, plus facile à exercer sur un petit nombre d'électeurs.

Enfin, il est question d'accorder à la représentation des villes une part plus équitable.

Voilà donc un projet qui, d'une part, va faire collaborer à la vie politique plus de 1.500.000

nouveaux citoyens, d'autre part, va remanier de façon importante les circonscriptions et le mode de répartition des élus.

Quelles manifestations d'opinion publique peut sortir d'une réforme si profonde et si brusque ? Là encore c'est l'inconnu.

Si la situation politique est fortement embrouillée, ainsi que je viens de le démontrer, la situation financière n'est pas plus nette.

La progression croissante des budgets est significative, et sans remonter bien haut la comparaison des quelques chiffres qui suivent est suffisamment édifiante :

L'exercice fiscal de 1894-1895 a nécessité 92.365.000 yens de dépense.

L'exercice 1896-1897 s'est présenté avec 190.461.000 yens.

L'exercice 1897-1898 avec 239.750.000 yens.

L'exercice 1898-1899 avec 230.000.000 de yens.

A ce dernier exercice, il y avait un déficit de 35 millions de yens entre les recettes et les dépenses; il a fallu le combler avec des augmentations énormes de taxes sur l'alcool, et en faisant état du solde de l'indemnité chinoise.

Or il y a tout un programme d'augmentation de dépenses militaires, de constructions navales que le Japon a décidé d'exécuter, et qu'il exécutera au prix des plus lourds sacrifices.

Comment faire face aux difficultés présentes, à celles que l'avenir prépare encore !

Augmenter les charges fiscales ? C'est le premier expédient auquel songent les gouvernements dans l'embarras.

Mais il paraît vraiment impossible de pressurer davantage le contribuable japonais.

M. Félix Martin établit, à l'aide de chiffres indiscutables, que les dépenses du Japon, qui ne dépassaient pas en 1894 le *dix pour cent* de ses revenus, atteignirent en 1898 le *trente-trois pour cent*.

La proportion est formidable si l'on songe que, en France, où pourtant la situation du contribuable est peu enviable, elle n'atteint pas plus de *quinze pour cent*.

Encore si les dépenses du Japon étaient productives, on pourrait supposer que l'embarras est momentané, et que la prospérité finale en résultera.

Mais alors que chez nous on affecte 27 pour 100 des ressources aux dépenses militaires et maritimes, ce qui est déjà excessif, le Japon, lui, consacre 55 pour 100 des dépenses budgétaires à ses armements.

C'est fantastique.

Je sais bien que les apologistes du Japon ne se laissent pas inquiéter par de tels arguments.

Erreur d'imposition

Telle est, disent-ils, la fertilité de ce merveilleux pays qu'il peut supporter toutes les épreuves, et faire face à toutes les exigences.

Ici encore il suffit de placer quelques chiffres à côté les uns des autres pour voir apparaître avec évidence la situation critique du Japon.

En France, sur les 52.857.199 hectares qui constituent la superficie totale, il y a environ 49.378.000 hectares d'exploitation agricole ou terrains bâtis.

Il en résulte, si nous fixons à 39 millions en chiffres ronds la population de notre pays, que chez nous chaque kilomètre carré exploitable doit nourrir 79 habitants.

Au Japon, la superficie totale des 411 îles qui le composent, est de 38.200.000 hectares.

D'après le « résumé statistique » publié en 1895, il y a seulement :

2.700.000 hectares en		rizières.
2.280.000	—	céréales et autres cultures.
7.280.000	—	forêts.
1.080.000	—	parcs, jardins, etc.
380.000	—	terrains bâtis.

Soit une surface utilisée de 137.200 kilomètres carrés qui doit nourrir une population de 41 millions et demi d'hommes ; d'où il résulte que chaque kilomètre carré doit procurer la subsistance à 302 habitants.

Quelle que soit la fertilité des terres cultivées, on voit dès lors que la situation laisse à désirer, et qu'on ne peut indéfiniment faire sortir du sol les dépenses nécessaires à l'augmentation de dépenses si exagérées.

Les hommes d'État japonais l'ont bien compris, qui ont pris la résolution de recourir à l'emprunt, malgré la répugnance qu'il inspire à l'amour-propre national.

L'adoption de l'étalon d'or n'avait pas eu d'autre but que la préparation de cet emprunt, qui vient d'être effectué dans des conditions que je veux aussi rapidement examiner.

Cet emprunt se monte à 10 millions de livres avec un intérêt de 4 pour 100. Il a été souscrit par un syndicat composé de la Yokohama specie bank, de la Hong-Kong and Shanghaï bank, de la Chartered bank et de la banque Parr de Londres.

Le rachat de cet emprunt ne pourra commencer que dix ans après l'émission, et il sera effectué par séries en quarante-cinq ans.

Le Japon va donc toucher environ 90 millions de yens. Lorsque l'amortissement complet sera terminé, il aura déboursé 226 millions de yens, c'est-à-dire qu'il aura payé 136 millions de plus qu'il n'aura encaissé.

Soit! dira-t-on, mais le Japon ne paie que 4 pour 100 d'intérêt, tandis que le taux de l'intérêt est très supérieur au Japon (5 à 8 pour 100). Il faut donc tenir compte de cette différence et la considérer comme un bénéfice au profit du Japon.

Le raisonnement serait vrai, si l'emprunt actuel était destiné à des œuvres productives ; mais comme tout l'argent doit passer à construire des vaisseaux ou à acheter des canons, l'opération est tout à fait déplorable.

Il est en tout cas bien heureux que l'épargne française n'ait pas été entraînée à couvrir l'emprunt. Outre que le placement était loin d'être de premier ordre, j'estime qu'il aurait été trop naïf de fournir ainsi indirectement des armes à une nation qui ne nous aime pas et qui, soyez-en certains, ne fera jamais profiter notre industrie nationale de la moindre préférence.

C'est en effet pour la France que le Japon témoigne le moins de considération et rien n'est plus attristant que de constater combien notre influence diminue chaque jour là-bas.

Deux journaux français existaient jadis à Yokohama, ils ont disparu.

Autrefois notre langue était relativement assez répandue, nul ne la parle maintenant et l'on a dû considérer comme un merveilleux succès diplomatique la présence auprès du prince impérial d'un professeur de français.

Le chiffre des opérations commerciales que nous

y faisons est infime en comparaison de ceux qui sont atteints par l'Angleterre, les États-Unis et l'Allemagne, et notre industrie n'est jamais appelée aux fournitures que le Japon demande aux autres nations.

Cette situation est le résultat de notre intervention à l'issue de la guerre sino-japonaise ; et, chose curieuse, nous paraissons avoir, en cette occasion, récolté plus de haine que la Russie et l'Allemagne qui eurent pourtant alors un rôle plus actif que le nôtre.

Ce n'est d'ailleurs qu'une question de nuance, et nous avons vu déjà que les Japonais éprouvaient pour tous les étrangers sans exception la même antipathie.

* * *

Ce sentiment, joint à l'orgueil effréné qui grandit de jour en jour, d'une part, les embarras de la situation politique et financière, d'autre part, telles sont les causes qui peuvent, dans un avenir plus ou moins éloigné, entraîner le Japon dans des tentatives belliqueuses.

C'est là, à mon avis, la véritable signification qu'il faut donner à l'expression « péril jaune », qui depuis si longtemps déjà sert de thème aux théories des hommes politiques et aux économistes.

Il fut un temps où le *péril jaune* apparaissait à certains Occidentaux sous la forme d'une nouvelle invasion de barbares. Des imaginations fertiles se représentaient volontiers quelques centaines de millions de Célestes se précipitant brusquement à travers l'Asie et venant, comme nuées de sauterelles, dévaster l'Europe et exercer notamment contre le Louvre la revanche du pillage du Palais d'Été.

Quelques intrépides rêveurs, quelques sombres pessimistes continuèrent longtemps à s'alarmer pour les générations futures de si tragiques prévisions.

Les Chinois prétendent au contraire, et avec plus de raison, que l'invasion des barbares est en train de s'accomplir, mais à leurs dépens.

Leur mauvaise humeur est assez excusable pour que nous ne soyons pas autrement froissés d'être appelés « barbares » et nous pourrions d'ailleurs convenir assez volontiers que, sous bien des rapports, notre civilisation paraît assez arriérée.

Sur les bords de la Seine infiniment plus que sur ceux du fleuve Jaune, on a le culte de la force brutale, et j'aimerais à trouver dans l'âme populaire, en France, le respect des lettrés qu'on peut noter chez le plus humble des coolis chinois.

Mais laissons les Chinois, et revenons aux Japonais militaristes et au péril jaune en ce qui les concerne.

Faut-il s'effrayer outre mesure du développement colossal de l'industrie au Japon et prévoir que les marchés européens vont être, à bref délai, écrasés par la surproduction japonaise.

On pourrait être tenté d'adopter une telle manière de voir si on examine seulement, sans les approfondir, les statistiques publiées.

Il est certain que nous sommes en présence d'un mouvement formidable qui surprend et inquiète.

Ici encore, quelques chiffres sont nécessaires ; je demande la permission de les placer sous les yeux des lecteurs.

Dans une conférence faite récemment par M. Nagaboumi Ariga, nous trouvons de curieux renseignements sur les progrès industriels du Japon.

Voici d'abord un tableau intéressant qui marque bien la croissance rapide des exportations du Japon pendant les dix dernières années étudiées par les statisticiens :

	Francs.			Francs.
En 1888. .	344 millions.	En 1893. .	471 millions.
1889. .	374 —	1894. .	615 —
1890. .	296 —	1895. .	737 —
1891. .	419 —	1896. .	635 —
1892. .	486 —	1897. .	877 —

Ces chiffres ne suffiraient point à montrer le développement industriel du Japon, si nous n'a-vions, d'après M. Ariga, la proportion des objets manufacturés qui entrent dans le chiffre total de ces exportations.

Or, ces objets manufacturés formaient, en 1888, 66 pour 100 seulement des exportations totales.

1889....	64 pour 100.		1894....	75 pour 100.
1890....	67	—	1895....	77 —
1891....	55	--	1896....	74 —
1892....	67	—	1897....	78 —
1893....	71	—	1898....	80 —

D'où il résulte une progression presque constante dans la proportion.

C'est par le même procédé qu'il s'agit d'examiner le tableau suivant des importations au Japon :

	Francs.			Francs.
1888...	349 millions.		1893...	472 millions.
1889...	381	—	1894...	630 —
1890...	437	—	1895...	698 —
1891...	331	—	1896...	913 —
1892...	384	—	1897...	1175 —

La croissance est plus rapide encore, et on pourrait en conclure que le Japon est un marché largement ouvert également aux industries européennes.

Mais, là encore, la statistique de M. Ariga éclaire la situation.

Sur le chiffre total des importations, il se trouve

qu'en 1889 les objets manufacturés entraient pour
87 pour 100.

1890 : 87 p. 100.	1893 : 72 p. 100.	1896 : 71 p. 100.
1891 : 73 —	1894 : 73 —	1897 : 71 —
1892 : 73 —	1895 : 67 —	1898 : 60 —

Par conséquent, l'augmentation du chiffre des
importations est due uniquement à l'introduction
des matières premières, et la régression que nous
venons d'indiquer prouve éloquemment elle-même
les progrès réalisés par l'industrie japonaise depuis
dix ans.

Si nous passons maintenant aux chiffres des
capitaux engagés dans des entreprises industrielles, nous les voyons croître d'une façon
énorme :

En 1895....	56 millions de yens (yen = 2 fr. 55.)
1896....	63 — —
1897....	74 — —
1898....	151 — —

Il y a actuellement au Japon 2.968 usines em-
ployant des machines à vapeur ; celles-ci sont au
nombre de 5.375, représentant une force totale de
58.172 chevaux-vapeur. Ces usines ont une population ouvrière de 273.792 âmes.

Les manufactures ordinaires qui ne se servent
pas de moteurs à vapeur sont au nombre de 4.398
et emploient 140.243 ouvriers des deux sexes.

D'où un prolétariat industriel d'environ 415.000 travailleurs.

En ce qui concerne la consommation du charbon dans les usines qui emploient des machines à vapeur, M. Ariga nous donne le tableau suivant :

En 1895...............	750.000 tonnes.
1896...........	1.072.000 —
1897	1.888.000 —
1898.............	1.553.000 —

Que si nous pénétrons dans le détail de ces chiffres, et si nous examinons à part quelques-unes des principales industries, nous serons davantage encore frappés de l'extraordinaire progression que voici :

C'est en 1884 que fut inaugurée à Osaka la première filature japonaise ; en 1886, il y avait déjà 8 filatures ; en 1897, 61.

Le nombre des broches, qui était de 65.500 en 1886, est actuellement de 1.020.000. Et le Japon, qui exportait en 1889 pour environ 1 million de fils et tissus de coton, a haussé en 1897 ses expéditions au chiffre de 80 millions.

L'industrie de la soie s'est développée dans d'aussi fortes proportions. Dès 1895, on pouvait évaluer à 205 millions la valeur des soieries sorties des manufactures, alors qu'en 1886 cette valeur ne dépassait pas 28 millions.

La fabrication des allumettes représente un rendement de plus de 40 millions, alors qu'en 1887 elle atteignait à peine 5 millions.

Enfin le produit du papier, une des industries les plus prospères du Japon, peut être évalué à 57 millions, au lieu de 21 en 1892.

Je ne veux pas multiplier à l'infini ces exemples qui pourraient lasser à la fin la patience du lecteur; ils étaient cependant nécessaires.

Mais il convient maintenant, après avoir examiné le côté brillant des statistiques, d'en venir à des considérations qui montreront sous un jour moins mirifique la situation industrielle du Japon.

C'est encore au travail officiel de M. Ariga que nous allons nous référer.

Plus haut, nous avons signalé l'augmentation croissante des capitaux consacrés à l'industrie. Or, il importe de noter que si en 1895 ces capitaux étaient nominalement estimés à 56 millions de yens, il n'y avait en réalité que 36 millions de yens effectivement versés.

1896.   65 millions, capital nominal. 41 millions, cap. versé
1897.   74   —   48   —
1898. 151   —   74   —

D'où il ressort incontestablement que le manque de capitaux est un des points faibles de l'industrie japonaise.

Et M. Ariga constate que le beau développement de cette industrie pendant ces deux dernières années menace fort de s'arrêter si l'on ne se décide pas à faire appel aux capitaux étrangers pour venir en aide aux entreprises japonaises qui en manquent tout à fait.

Presque partout, en effet, les sociétés industrielles ont dépensé leur capital en installations ou aménagements des usines ; et l'on a été obligé, pour mettre en œuvre l'organisation nouvelle, d'avoir recours à des emprunts pour lesquels on paie de très gros intérêts, jamais moindres de 10 pour 100.

Dans ces conditions, les bénéfices de l'entreprise sont presque totalement employés au service de la dette et parfois même ils n'y suffisent pas.

C'est ainsi que dans l'industrie du tissage, dont nous admirons plus haut le merveilleux développement, M. Ariga nous donne des chiffres qui montrent bien ce fâcheux état de choses.

La plupart des compagnies paient des intérêts qui dépassent le chiffre des bénéfices.

1893 : sur 33 compagnies, 29 étaient dans cette situation.
1894 : — 35 — 28 — — —
1895 : — 59 — 41 — — —
1896 : — 59 — 31 — — —
1897 : — 66 — 33 — — —

On s'est vraiment trop hâté, chez les nationalistes japonais, de chasser les ingénieurs européens des usines et de repousser orgueilleusement l'or étranger. Maintenant, on regrette vivement les ingénieurs, on sollicite les capitaux du dehors. Mais il est peut-être trop tard, et voilà une des principales conditions qui nous font envisager comme peu redoutable le péril jaune au point de vue économique.

La hausse constante des salaires est la seconde raison qui rendra aussi moins dangereuse la concurrence japonaise. C'est ce qu'a très bien fait ressortir mon excellent confrère Paul Louis dans un excellent et récent article (1). Les travailleurs japonais touchaient autrefois des salaires de famine, parfois 25 centimes par jour, qui donnaient aux industriels un incomparable avantage sur les industriels européens obligés de payer une main-d'œuvre cent fois plus coûteuse.

Mais on peut constater depuis 1886 une croissance très accentuée de la rémunération quotidienne :

Les charpentiers touchaient en moyenne 1 fr. 35 en 1887, 1 fr. 60 en 1892, 1 fr. 80 en 1895 ; les tailleurs de pierre ont passé de 1 fr. 50 à 2 fr. 10 ;

____

(1) PAUL LOUIS. *L'Extrême-Orient. Revue socialiste* d'octobre 1899.

les couvreurs de 1 fr. 20 à 1 fr. 90 ; les menuisiers de 1 fr. 25 à 1 fr. 75 ; les ouvriers des filatures reçoivent actuellement 1 franc par jour au lieu de 35 centimes en 1889.

Bref, en moyenne, on peut estimer à 40 pour 100 le relèvement des salaires maintenant acquis ; et il est certain que les choses n'en resteront pas là. J'ai dit plus haut que le mouvement socialiste n'était point encore suffisant pour exercer sur la politique japonaise, une influence prépondérante. Il n'en existe pas moins en germe et trouvera certainement un beau terrain de culture dans le prolétariat japonais.

Peu de temps après la guerre de 1895, le gouvernement avait envoyé cinq officiers de l'état-major japonais en Angleterre pour y faire des études militaires.

Deux d'entre eux sont retournés partisans du socialisme scientifique et ont même rapporté une traduction japonaise du *Manifeste du Parti communiste*. Il y a trois ans, un jeune Japonais, retour d'Australie où il avait pris une part active au mouvement ouvrier socialiste, a fondé à Tokio un journal qui fut d'ailleurs rapidement supprimé par le gouvernement mikadonal.

Et la meilleure preuve que le mouvement socialiste parut assez dangereux, c'est que les journaux modérés ou libéraux du Japon s'occupèrent de lui barrer la route, les uns prêchant la conciliation, les autres la résistance.

Le *Nippon Gui* s'exprimait ainsi dans un article récent :

« Les capitalistes doivent, sans perdre une minute, intervenir d'une façon efficace en cédant aux réclamations raisonnables des travailleurs pour l'amélioration de leur sort, car poussés par l'agitation socialiste incessante, ceux-ci commencent à voir clair et à reconnaître les injustices qui subsistent à leur préjudice. »

Et le journal ajoute aussitôt la menace, après la parole de sagesse :

« Une fois la situation des ouvriers améliorée, nous ne doutons pas que le gouvernement saura faire son devoir vis-à-vis des récalcitrants qui voudraient continuer à exciter les ouvriers par leurs doctrines de haine et de destruction. »

L'intervention gouvernementale n'a pas empêché eu tout cas le mouvement syndical de se développer rapidement.

Les tisseurs de Yokohama se sont organisés sur le modèle des trades-unions. A Tokio, les mécaniciens, les typographes et les ouvriers du bâtiment sont organisés de même façon. Bref, à la fin de 1897, le *Japon Mail* estimait à plus de trois cent mille les travailleurs japonais syndicalement organisés.

Nul doute que l'extension des syndicats ne continue d'avoir sur la hausse des salaires une influence décisive.

Avec le manque de capitaux, l'augmentation des impôts, la hausse des salaires, une autre considération vient encore s'ajouter qui peut faire prévoir un prompt arrêt dans l'essor industriel : c'est le manque de probité des commerçants et industriels japonais.

Tous ceux qui sont en relations d'affaires avec le Japon se plaignent amèrement du peu de sécurité qu'elles offrent. La fabrication est de moins en moins parfaite ; on produit en quantité aux dépens de la qualité, et rarement les marchandises livrées sont identiques aux échantillons présentés.

Nulle part la contrefaçon n'est plus florissante, et nulle part l'acheteur infortuné n'est exposé à plus de déconvenue.

Et voilà pour quelles raisons, hâtivement exposées, nous ne croyons pas que le Japon soit un péril menaçant pour notre industrie.

La Chine serait-elle beaucoup plus redoutable à ce point de vue? Je ne le crois pas.

Le péril jaune est donc ailleurs: il est dans les embarras politiques et financiers qui peuvent pousser le gouvernement à des aventures belliqueuses; il est dans l'humeur batailleuse du peuple japonais; il est dans l'orgueil incommensurable de cette nation, grisée par une victoire encore récente, et désireuse d'étonner le monde par la puissance de son armée et de sa flotte.

Un plan formidable a été élaboré pour accroître cette puissance militaire; et il sera exécuté coûte que coûte, quand même le Japon devrait pour cela épuiser à tout jamais ses finances.

Et le résultat de ce plan sera celui-ci :

En 1905, l'armée de terre sera forte d'environ 150.000 hommes sur pied de paix, plus de 220.000 sur pied de guerre au lendemain de la mobilisation.

En 1906, la marine de guerre japonaise atteindra un déplacement de 200.000 tonnes et sera devenue, par le nombre et la force de ses unités de combat, la seconde puissance maritime du monde entier.

N'est-ce point l'évidence même que le développement, en Extrême-Orient, d'une puissance militaire de telle importance constitue pour la paix universelle un danger permanent?

M. Villetard de Laguerie, qui publia dernièrement une remarquable étude sur la Corée, a fait preuve de perspicacité en écrivant cette phrase, qui exprime sous une forme concise la réalité des choses (1) :

« Le Japon s'est posé comme le champion des

---

(1) VILLETARD DE LAGUERIE. *La Corée indépendante, russe ou japonaise*, 1898.

jaunes et leur émancipateur prédestiné. Tôt ou tard nous aurons à compter sur cet avatar asiatique de la doctrine de Monroë. »

Plus d'une fois déjà on a pu constater chez les Japonais le désir impatient de jouer un pareil rôle.

Lorsque l'Allemagne mit la main sur Kiao-tcheou, portant ainsi un coup décisif au principe de l'intégrité du Céleste Empire, l'opinion publique fut, au Japon, violemment excitée ; et le gouvernement faillit céder à la pression du parti militaire en déclarant la guerre à l'Allemagne.

Il faut bien le dire, si le Japon avait pris une telle décision, c'en était fait de l'escadre du prince Henri de Prusse, et je me demande comment l'Allemagne aurait avantageusement pu lutter contre une attaque vigoureuse et rapide.

Il paraît également certain que les Japonais furent d'habiles agents provocateurs, qui préparèrent de longue main l'insurrection des Philippines contre l'Espagne, comptant bien avoir un jour ou l'autre l'occasion d'intervenir.

Il y a d'ailleurs entre les Tagals et les Japonais de curieuses affinités de races et des ressemblances physiques et morales, qui doivent créer à la longue des liens plus ou moins étroits.

A plusieurs reprises les Philippins ont envoyé des émissaires au Japon pour essayer d'obtenir une intervention, et à l'heure actuelle encore Aguinaldo ne désespère pas du succès de ces négociations.

Il s'illusionne évidemment, car le Japon ne se sent pas encore de taille à lutter ouvertement contre les États-Unis.

Mais, soyez certains que les Japonais gardent l'ambition d'exercer une suprématie incontestable en Extrême-Orient et que les Philippines leur apparaissent comme une des premières étapes de leur marche extensive.

En attendant ils se préparent, et la tentative faite par la diplomatie japonaise d'une entente avec la cour de Pékin, est la preuve de ce qui se trame contre l'envahissement de la race blanche.

Des négociations actives ont eu lieu, et ce n'est pas la faute du marquis Ito si le résultat ne répondit pas à ses efforts.

Mais la Chine est incapable d'un tel élan d'énergie, surtout depuis la disgrâce de Li-hung-chang.

C'était un rêve que de vouloir galvaniser cet empire agonisant : rêve qui toutefois indique et précise la pensée japonaise (1).

N'oublions pas enfin que, par la possession de

(1) Depuis que ces lignes ont été écrites, les événements de Chine ont amené les Japonais à suivre la politique des puissances européennes. Il serait dangereux de compter sur ce rapprochement et d'oublier la question de race qui subsiste malgré tout.

Formose, le Japon est le maître d'une position stratégique incomparable dans l'océan Pacifique et qu'avec sa puissante marine, ses dépôts de charbon inépuisables, il pourrait entamer la lutte avec avantage contre une quelconque des puissances européennes.

Lorsque l'on parle en Europe du partage prochain de la Chine comme d'une opération facile à réaliser, n'exigeant qu'une entente préalable entre les grandes puissances intéressées, on oublie par trop la part que le Japon voudra s'attribuer et les moyens dont il dispose pour faire prévaloir ses prétentions.

Il est maintenant incontestable que le Japon cherche à jouer en Extrême-Orient le rôle que l'Angleterre s'est attribué en Occident, l'analogie des situations géographiques devant amener la similitude des ambitions.

Et voilà, à mon sens, le véritable « péril jaune » qui doit attirer l'attention des hommes d'État du vieux monde.

CHAPITRE X

LE RETOUR

De Yokohama à Vancouver la traversée est d'environ quatorze jours : quatorze jours longs à passer, car la monotonie des océans est, ici, plus encore qu'ailleurs, tout à fait accablante.

Seuls, les paquebots du Canadian Pacific fréquentent la ligne, et on n'a même pas la ressource, pour tromper l'ennui, de suivre, avec la lorgnette, un panache de fumée aperçu dans le lointain.

Pas une voile, pas une terre, pas le moindre ilot à l'horizon : la mer, toujours la mer, sournoise et mauvaise.

Nous quittons le Japon par un temps superbe : à peine avons-nous mis le cap vers le nord pour remonter dans la direction des Léoutiennes que le vent fraîchit, les lames s'enflent. Bientôt c'est une formidable tempête qui souffle et met la mer en furie. « Nous sommes surpris, dit un officier, par la queue d'un typhon. »

La queue ? qu'est-ce que nous aurait donc réservé le corps ou la tête ?

Rien ne saurait décrire la grandeur du spectacle. L'*Empress of Japon* est, heureusement, un superbe bateau admirablement construit, qui supporte à merveille les assauts de la tempête ; mais, tout de même, on éprouve quelque angoisse à se voir soudain disparaître entre deux murailles d'eau écumante et à entendre les cloisons lugubrement craquer sous l'attaque furieuse des coups de mer.

Trois jours et trois nuits cela dure : à bord, tout est sens dessus dessous ; dans les cabines, les vêtements, les valises, les objets de toilette dansent une sarabande effrénée et se heurtent en un tapage assourdissant : à la salle à manger, aux cuisines, malgré toutes les précautions prises, la vaisselle se transforme bruyamment en castagnettes, et l'argenterie ruisselle d'un bord à l'autre.

Dans ces conditions, c'est un difficile problème à résoudre que de manger et de dormir. Le mieux est de prendre patience en se calant en quelque coin et d'attendre un ciel plus propice et serein.

Nous le retrouvons tel trois jours avant d'arriver à Vancouver, de sorte que nous sommes tout à fait remis de nos fatigues et bien dispos pour admirer comme il convient l'entrée de la passe qui contourne l'île Vancouver.

Il est trop tard pour atterrir au port : nous allons donc passer la nuit au warf d'un îlot verdoyant et attendre la marée du matin.

On peut descendre à terre : quelle joie de fouler un sol occidental, de retrouver les belles prairies grasses et fleuries. les beaux arbres de notre pays: le chêne, l'orme, le sapin ; de rencontrer enfin d'autres gens que les simiesques nabots des pays d'Orient.

Voilà des hommes. enfin, à la taille haute, à la poitrine développée, aux épaules larges, à la physionomie mâle, énergique, svec de grandes barbes rousses ou blondes.

Ce sont des Canadiens ou des Anglo-Saxons, peu importe! Ils sont de notre race, ils ont vraisemblablement des cerveaux comme les nôtres, et c'est un rude soulagement, je vous jure, que de se retrouver en famille après quelques mois passés parmi les Annamites, les Philippins, les Chinois et les Japonais.

Vancouver, où nous arrivons le lendemain, est une jolie ville, admirablement située, qui se développe très rapidement et deviendra sans doute un des ports les plus importants de la côte du Pacifique. Mais le temps presse, et le train transcanadien est sous vapeur : c'est, en perspective, six jours et six nuits de trépidation fatigante.

Bah ! nous sommes sur le chemin du retour, et

la joie d'être bientôt au pays nous met en belle humeur.

La route est, d'ailleurs, admirable, et la traversée des montagnes rocheuses de la Colombie anglaise est un perpétuél enchantement. Le paysage est grandiose, et on ne se lasse pas de contempler le Fraser, qui coule en torrent à travers des forêts de pins, entre les hautes silhouettes des cimes neigeuses.

Après cela, c'est la prairie monotone, indéfinie et mélancolique, puis les grands lacs, aux rives découpées, aux contours élégants et sobres ; le Niagara, qui vaut sa réputation, et New-York, la ville fiévreuse, mouvementée, où l'on sent s'agiter un peuple fort, énergique et opiniâtre.

Mais on ne saurait parler brièvement de toutes ces choses, et je passe en toute hâte, car je n'ai point pour tâche, cette fois, d'en entretenir le lecteur.

D'ailleurs, la sirène de la *Touraine* fait rage dans les docks, il n'est que temps d'enregistrer les bagages et de monter à bord.

Et maintenant nous voguons vers la France, vers tous ceux que nous aimons, et l'impatience nous gagne : l'hélice tourne bien lentement à notre gré, et nous regardons avec hostilité les aiguilles d'une montre qui poursuivent, impassibles, leurs tours de cadran.

Enfin ! enfin ! voici les falaises du Havre, à peine devinées d'abord, qui grandissent peu à peu ; voici le remorqueur qui vient à notre rencontre, voici la jetée, les mouchoirs qui s'agitent, les figures amies reconnues.

Le cœur bat, les yeux se mouillent.

La seule joie du retour vaut bien qu'on risque les tristesses du départ !

TABLE DES MATIÈRES

Paris. — Soc. anon. de l'Imprimerie des Arts et Manufactures,
8, rue du Sentier. (M. Barnagaud, imp.) — 2725.